AF283478

¡Sssssshhhhhhhhhhh!

Haz del teatro algo íntimo

Llévalo siempre en el bolsillo

Cubierta y diseño editorial: Éride, Diseño Gráfico
Dirección editorial: ángel jiménez

Primera edición: octubre, 2024

hacia Guernica
© Mariano Llorente
© Marcelo Díaz (del prólogo.)
© VdB®, 2024
Espronceda, 5
28003 Madrid

VdB®

ISBN: 978-84-19850-81-2
Depósito Legal: M-22483-2024
Diseño y preimpresión: Éride, Diseño Gráfico

Cualquier forma de reproducción, distribución, comunicación pública
o transformación de esta obra solo puede ser realizada con la autorización
de sus titulares, salvo excepción prevista por la ley. Diríjase a CEDRO
(Centro Español de Derechos Reprográficos, www.cedro.org.) si necesita
fotocopiar o escanear algún fragmento de esta obra.

Cualquier representación pública de esta obra debe ser autorizada por el autor.
La autorización puede ser tramitada a través de la Sociedad General de Autores
y Editores (SGAE.).

Todos los derechos reservados.

VdB® es una marca registrada de Éride, S.L.

Este libro protege el entorno

hacia Guernica

©Javier Naval

Mariano Llorente
(Madrid, 1965.)

Actor, director y dramaturgo. Ha realizado gran parte de su actividad teatral en la compañía Micomicón, de la que es socio co-fundador desde 1992, y con la que ha dirigido varios espectáculos. Autor de una quincena de textos, de los cuales han sido publicados o estrenados: *Todas las palabras, Cancionero republicano, Nadie canta en ningún sitio, Hamlet, por poner un ejemplo, Basta que me escuchen las estrellas, Veintiuna treinta y siete, Hacia Guernica, El triángulo azul, Donde el bosque se espesa, El último viaje de Galdós y Rif (de piojos y gas mostaza.).* Como actor ha participado en la mayoría de los espectáculos de la compañía, además del Centro Dramático Nacional, en numerosas series de televisión y algunas películas.

En 2005 recibió el premio *Lázaro Carreter* de Literatura Dramática; en 2015 el Premio *Nacional de Literatura Dramática* y el premio *Max* a la Mejor Autoría. Su obra ha sido traducida al alemán, francés y húngaro.

Mariano Llorente

hacia Guernica

Prólogo

Corría el año 2013. Sentados en el parque que da al río Elba, en el teatro «Junge Generation» de la ciudad de Dresde, la directora me habla de realizar juntos un nuevo proyecto, bajo mi dirección. Habían estado pensando en la posibilidad de una coproducción con España, aprovechando que yo vivía en Madrid.

Habría que buscar un tema que abarcara a los dos países, que despertara interés tanto en España como en Alemania. Ellos estarían dispuestos a encargar un texto nuevo e inédito, incluso de autor español.

No tuve que pensar demasiado para que se me ocurriera el nombre de Mariano Llorente. Ya habíamos trabajado juntos en un proyecto en la «Cuarta Pared» de Madrid. Yo había quedado sorprendido de cómo su prosa destilaba poesía y su poesía transmitía historias atravesando al ser humano. Qué pobre sería el arte si los personajes hablaran como las personas, y qué aburridas serían las historias si no se introdujera lo fantástico. Mariano sabía del espectro de Hamlet y que los personajes de Lorca no hablaban como en sus pueblos. Yo quería un artista y no un autor.

Nos encontramos por primera vez cerca de la estación Méndez Álvaro, de Madrid. Yo llegaba de dar clases en Valencia. Tomamos un café y fuimos al grano.

¿Qué acontecimientos históricos habían unido a estos dos países tan distintos? Así surgió la idea de *Hacia Guernica*. En general, a los países los une el horror.

El 26 de abril de 1937, la Legión Condor alemana, junto a aviones italianos, bombardean Guernica. Nunca se supo la cantidad de muertos. Se habla de 120, de 300, de 2000... No importa la cifra. Los números, tan precisos y científicos, ocultan muchas veces la historia de los individuos y de sus destinos. La memoria de tan solo un individuo abatido en el bombardeo puede empequeñecer al gigantesco número que lo abarca. Y de esos individuos había muchos, ya que no había objetivos militares. Lo que se bombardeó fue a la población civil que acudía al mercado a hacer la compra. Se trataba de elegir algunas de esas historias. La de la mamá con su hija que no quiere ir al mercado, pero ella la obliga a salir. O la de las dos señoras que están esperando que les lleven la compra. Había 120, 300 ó 2000 historias para elegir. Siempre una historia será más potente que cualquier cifra. El día que el teatro deje de contar historias, habrá sucumbido. Se habrá rendido a las cifras. Los números estaban del lado de los fascistas. Eran ellos los que habían sacado cuentas. Había que desmoralizar a los republicanos, obligando con ello a su rendición. Para eso había que sacrificar 120, 300 ó 2000 vidas, con el fin de terminar antes la guerra y con ello evitar la muerte de muchos individuos más. Nadie podría negarse a esta lógica. Los números hablan cuando dejan de hablar las personas. La tarea del poeta es darle contenido a las cifras, hacer de ellas 120, 300 ó 2000 biografías.

Cuando con Mariano comparábamos Guernica con Hiroshima, Nagasaki o Dresde, las cifras de muertos eran insignificantes. ¿Por qué entonces hacer una obra de teatro sobre Guernica, si Japón había resultado el triunfo de las matemáticas? ¿Se trataba tan solo de buscar el lazo entre España y Alemania? No, Guernica fue tan solo el ensayo de Hiroshima, Nagasaki y Dresde. Guernica resultó ser uno de los primeros ensayos de bombardeos civiles. Luego, Picasso lo amplificó, lo hizo universal e inmortal. Mariano Llorente, como Picasso, hacen tangible lo que la insensibilidad de los números oculta. Los artistas no tienden a descubrir, sino más bien a destapar.

Entonces, se trataba de otorgarle una identidad a uno de aquellos personajes, y lo primero sería darle un nombre. Ana. Y un chico alemán que busca en su pasado, que va a España, que revuelve las fojas de sus antepasados. En este momento, la obra de Mariano Llorente produce el hallazgo fundamental que le da sentido y trascendencia. Ana, aquella niña que se resistía a ir al mercado, con razón e intuición, no tiene tan solo un pasado truncado por las bombas. Ella tiene un futuro. Ana seguirá viviendo en lo que hubiera sido y en su descendencia. Por eso este chico alemán llamado Helmut se tropieza a cada momento con ella y con las que siguieron a Ana. Los seres humanos están unidos por hilos invisibles. Una bomba acaba con un cuerpo, pero nunca con lo que aquella perspectiva de vida hubiera hecho. Su impulso sigue existiendo.

¿Es Helmut quien está buscando su pasado, o este lo busca a él? ¿Existe Ana porque Helmut indaga en el pasado de su familia, o aquellos personajes cuyas biografías fueron truncadas por las bombas, buscan conectar con los descendientes de sus verdugos?

Mariano Llorente consigue dibujar con maestría los hilos que unen el pasado con el futuro de personas, que al devenir personajes, nunca dejaron de existir. Nos recuerda que los crímenes en la historia de la humanidad nunca consiguen la desaparición de los seres humanos que se propusieron eliminar. Nos enseña con pasmosa claridad que a los muertos no se los recuerda, porque tienen dimensión de futuro.

La historia de la obra *Hacia Guernica* se parece a la historia del original. Mientras Mariano Llorente se sumergía en el material que serviría de inspiración a su trama, un equipo del teatro «Junge Generation» con su directora viene a España para establecer relaciones con posibles teatros que quieran llevar adelante la coproducción. Estas negociaciones fracasan, entre otras cosas, porque la antelación con que se planea una producción en Alemania y España son completamente diferentes. No obstante, el 5 de abril de 2014 se estrena la obra en Dresde.

Parecería que esta podría ser la primera y última estación. Sin embargo, en el año 2022 surge la idea de poner en escena la obra en Buenos Aires, que no se lleva finalmente a cabo por falta de apoyos económicos.

En el año 2023, quien escribe, la utilizó en un seminario de dirección de teatro acerca de la técnica de las escenas cortas. Los participantes quedaron sorprendidos con estas historias y su potencial. Por fin, y después de diez años, el texto es publicado en España, esperando a quien le dé vida.

Cada personaje, cada frase y cada historia estaban allí, suspendidas en el aire, esperando pacientes a que alguien las aprehendiera, les dé forma y nos recordara lo que nunca se debería olvidar.

Marcelo Díaz.

Personajes

ANCIANA, que más tarde llamaremos ANA
MUCHACHO, que en seguida llamaremos HELMUT
GRETE
HANS Schinlauer
Pablo PICASSO
Jaume SABARTÉS
MADRE
HIJA
ANA
RADIO, que en breve será THOMAS Richthofen.
BRAULIA
LAUREANA
MUJER
UNA JOVEN
OFICIAL de la Gestapo

Hay también un coro de voces que opina.
Y un periódico
Y un amigo llamado HORST, que no necesita
    ni cuerpo ni voz.

La acción transcurre en Madrid, Leipzig, París, Vitoria,
Mallorca y Guernica.

En Madrid, lunes 26 de abril del año 2103. Una mujer muy ANCIANA *espera a que cambie el semáforo para cruzar la calle. Se ayuda de una muleta, parece cojear de la pierna izquierda y, asimismo, el brazo del mismo lado parece inmóvil. Usa gafas. A pesar de esas dificultades, la* ANCIANA *irradia una enorme vitalidad. Se le cae el bolso al suelo. Un* MUCHACHO *de unos veintitantos años se acerca a ella.*

MUCHACHO   ¿Necesita ayuda?

ANCIANA   Gracias, hijo.

MUCHACHO   Deme la mano.

ANCIANA   Mano, no. Sarmiento.

MUCHACHO   ¿Cómo dice?

ANCIANA   Ay, que eres extranjero.

MUCHACHO   Soy alemán.

ANCIANA   Ah, alemán, mira tú que bien. *(Han cruzado la calle.)* Gracias, hijo. Dios te lo pague.

MUCHACHO   Un placer, señora. ¿Puedo hacer algo más por usted?

ANCIANA   No hijo, no. Si no han movido la estación de Atocha, no tengo pérdida.

MUCHACHO   Es por ahí, bajando, un minuto.

ANCIANA   En realidad, para ir a casa tengo que ir a la estación de Chamartín, pero las dos estaciones de Madrid están conectadas. Te lo digo para que lo sepas. Como eres alemán…

MUCHACHO   Llevo unos meses en España.

ANCIANA   Pues igual la conoces mejor que yo. Es la primera vez que salgo de mi pueblo.

MUCHACHO   ¿Y está usted sola?

ANCIANA   Aquí, sí. En mi pueblo vivo rodeada de libros.

MUCHACHO   ¿Dónde vive?

ANCIANA   Unas cinco horas más allá, hacia al norte.

MUCHACHO   ¿Y qué hace aquí?

ANCIANA   Nada, hijo. Tenía una curiosidad. Resulta que a estas edades puede ser que un día te mueras, ¿sabes? Ay, me ha dado una tristeza infinita ver a esas mujeres gritando. Y ese caballo, el pobre, despanzurrado, todo lleno de sangre. Así lo vi yo. Todo el mundo corría, la gente tropezaba, preguntaba por los suyos… Yo le decía a mi madre que teníamos que buscar a mi prima Andone, la quería muchísimo, ¿sabes? Ay, hace tanto que no veo a mi primita… Yo creo que mi madre debió gritar tanto ese día, que me ha parecido oír en esa sala un infierno de gritos… Y mira que como he venido a primera hora estaba yo sola… Mi pobre madre, mientras me protegía con su cuerpo… Pero yo, sobre esos grises, que son del humo que lo cubrió todo, veo muchos destellos en naranjas, rojos y amarillos. Sería el fuego… ¡Qué angustia! He sentido ahí dentro que se me quemaba la cara, y que no podía respirar. Bah… Luego se ha llenado de gente, todos mirándonos, y grabándonos con los móviles, japoneses, italianos, franceses, americanos… Así que, ¿eres alemán?

MUCHACHO   De Dresde.

ANCIANA   Anda, mira tú qué bien. ¿Qué hora tienes, rey?

MUCHACHO   Las tres menos diez. ¿Cuánto tiempo ha estado usted ahí dentro viendo el cuadro?

ANCIANA   Pues no lo sé, hijo, pero se me ha ido la mañana volando. Está muy bien este Hotel, el Mediodía. Y muy cerquita, sobre todo. Anda, corazón, mírame ahí la hora de salida del tren, que ya me bailan los horarios en la cabeza.

(Le tiende un billete de tren.)

MUCHACHO   A las 16:05. Le queda poco más de una hora.

ANCIANA   Tienes unos ojos… ¡Madre mía que ojos más bonitos tienes, criatura! Me voy. Como no tenía previsto hablar con nadie, ya voy justa.

MUCHACHO   ¿No se va a perder?

ANCIANA   No, hijo. Ahora hago el trayecto al revés. Me lo he estudiado en internet. De la estación de Atocha a la de Chamartín, de ahí a Bilbao, y de Bilbao hacia mi pueblo, a la estación, que me deja muy cerca de casa. ¡Leches! No creo que llegue a tiempo de que Lourdes me arregle estos pelos. Cuando vayas por allí pregunta por Ana, la cuentista. Agur.

MUCHACHO   Adiós. ¿Cómo se llama su pueblo?

(Pero la ANCIANA ya no oye la pregunta.)

Skype

HELMUT   Horst, amigo. Mi mejor amigo. Te ruego abandones lo que estás haciendo y me prestes toda tu atención. Lo que te voy a contar no te lo vas a creer, por eso creo que merece la pena que me escuches. Piensa un momento en esto: nunca sabremos todo lo que contiene el hecho de ir andando por la calle y tomar una dirección en vez de otra, el hecho minúsculo de cambiar de idea y volver sobre nuestros pasos, el hecho microscópico de que se te caiga una moneda al suelo y el tiempo invertido en recogerla. Lo que te voy a contar, que ya sé que no te vas a creer porque en realidad es increíble, podía no haber ocurrido si aquel día no hubiera decidido tomarme un café, un café único a una hora exacta y en un bar exacto, que me supo amargo, muy fuerte –este detalle es fundamental: el destino del mundo está en lo ínfimo, amigo mío–. Tuve que ir al baño –ahora te ahorro los detalles– y al ir a salir se atrancó la puerta. Pudieron ser unos quince segundos, subí, pagué –el camarero me preguntó por mi nacionalidad y mientras me devolvía la vuelta de dos euros me dijo que «ya estaba bien, que a ver si dejábamos de apretar, que nuestro egoísmo estaba ahogando a la Europa del sur», le asentí y sonreí, salí, anduve unos trescientos metros– me paré a mirar unos cachorros de perro en el escaparate de una tienda– continué, giré a la derecha, atravesé una plaza, y cuando esperaba a que cambiara el semáforo para cruzar la calle… vi a una anciana a la que se le cayó el bolso. Ay, querido Horst, aquella anciana. Préstame atención: si toda esta cadena de hechos minúsculos, casi cuánticos, no se hubieran producido tal y como se produjeron, en ese mismo orden, con ese mismo relieve y con esa duración, si todo eso no hubiera ocurrido, yo ahora estaría en Dresde, soportando tu escepticismo y la ingenuidad monumental de Claudia, en nuestra casa de alquiler, tras haber terminado mi año de Erasmus estudiando arte español, una pasión, una devoción absoluta que como bien sabes prendió en mí desde que vi por primera vez los pliegues de los hábitos de Zurbarán, la espiritualidad del Greco, la osadía de Velázquez, la violencia de Goya…

Escena 1

Leipzig, febrero de 1937.

GRETE   Come, Hansi, come…

HANS   No tengo apetito.

GRETE   No seas infantil. Te digo lo que a tu hijo: o te comes toda la cena, o te quedas sin postre. *(Silencio.)* Yo soy el postre, cariño. *(Silencio.)* ¿Qué es lo que pasa por esa cabecita? ¿Qué te preocupa, Hans?

HANS   La incertidumbre.

GRETE   La incertidumbre, ¿sobre qué?

HANS   Yo creo que debemos, y podemos, recuperar lo que es nuestro. Creo que tenemos derecho a dar un golpe encima de la mesa y que las naciones de Europa y del mundo se estremezcan: Alemania está aquí, y tiene los dientes afilados. Pero no entiendo qué pinto yo ni qué hace nuestro ejército ni nuestra nación…

GRETE   Continúa.

Hans   No, no puedo. Sabes que no se lo podemos decir a nadie. Sería un delito de alta traición.

Grete   Pues entonces no me lo digas.

Hans   ¿Te da igual dónde me manden?

Grete   Te recuerdo que te presentaste voluntario, alférez Hans Schinlauer. Nadie te obligó. Eres un militar del ejército alemán. ¿Por qué lo hiciste? Los hombres no consultáis nada a vuestras mujeres. Ahora te toca obedecer… Come.

        (Silencio.)

Hans   Grete…

Grete   Te pongo varias mudas completas y acuérdate de que llevas la colonia que te gusta tanto en el fondo, en la bolsita de aseo.

Hans   Grete…

Grete   Y te pongo varias camisas de vestir, a lo mejor tenéis tiempo de salir de civiles a dar una vuelta.

Hans   Si me pasara algo…

Grete   Como me vas a decir que te da igual una que otra, te echo tres corbatas. Para que las combines a tu gusto.

HANS   Grete, escúchame por favor…

GRETE   No. Escúchame tú a mí. Ni siquiera sabemos si es España tu destino, pero si fuera España alguna razón habrá para estar allí…

HANS   Baja la voz.

GRETE   No nos puede oír nadie. Como no sea tu hijo. Y tú no vas a morir. ¿Me has oído? Tú no vas a morir.

HANS   En las guerras, a veces, se muere. Y sí, sí sabemos que es España mi destino. Ya han vuelto algunos camaradas de allí.

GRETE   ¿Y qué cuentan? Hará un calor espantoso, seguro. Van en burro, ¿no?

HANS   ¿Y qué razones puede haber, según tú, para que vayamos a España?

GRETE   Yo no soy militar, ni me he preparado como tú en una base secreta en la Unión Soviética. Yo no entiendo de estrategias. Pero tengo sentido común y Alemania tiene una industria poderosa de guerra que en algún sitio habrá que probar.

(Silencio.)

HANS   Si me pasara algo me gustaría que mi hijo supiera por qué murió su padre.

GRETE   Acuérdate de que llevas el *Rethol*.

HANS   Y no me importaría, dios lo sabe, morir por Alemania.

GRETE   ¿Me estás oyendo? No se te olvide echarte el *Rethol*. Tienes mucha caspa y si no te cuidas te vas a quedar calvo, como tu padre.

HANS   Pero por más vueltas que le doy no entiendo qué hacemos nosotros allí, simplemente. Nuestra poderosa industria de guerra, como tú dices, puede esperar a que lleguen ocasiones más importantes.

GRETE   Si nuestro Führer ha decidido que tenemos que estar en esa guerra entre españoles por algo será. Eres un privilegiado.

               (Silencio.)

HANS   Espero que nuestro Fürher no se equivoque. Me hice militar para proteger Alemania, para defenderla, y si para defenderla es necesario atacar, atacaremos. Alemania permanecerá, los soldados y los gobernantes, pasarán.

GRETE   Nuestro Führer está más alto que dios y que Alemania.

HANS   Nada ni nadie está más alto que Alemania.

GRETE   Como quieras, mi alférez, el ser más testaru-
do de toda Sajonia. Yo lo que quiero es que
termines de cenar y que nos vayamos a la
cama, y que estés de vuelta ya. Y quiero estar paseando contigo por las calles de Leipzig, con nuestro niño, y quiero estar orgullo-
sa de ti. Ya verás, mi amor, como dentro de
unos meses ni te acuerdas de lo que has hecho en ese país. Y come, Hansi, come.

HANS   No tengo apetito.

Escena 2

París, 27 de abril de 1937. En el estudio de la rue des Grands-Augustins. Pablo Picasso *es un león enjaulado, preso de la prisa y de su propio caudal creativo.*

Picasso Picasso solo.
     Picasso bobo.
     Picasso joven
     con pelo
     con sexo
     malagueño.
     Picasso inmortal.
     Picasso en silencio.
     Picasso pequeño.
     Picasso y sus ojos.
     brillantes
     profundos
     negros.
     Picasso en azul.
     Picasso en rosa.
     Picasso en cueros.
     Con peluca.
     Con mechón.
     Estoico.
     Exorbitado.

Fetichista.
Tribal.
Sagrado.
Fáustico.
Visceral.
Bromista.
Picasso ilimitado.
Fumador.
Millonario.
Odiado.
Comunista.
Antifascista.
Radical.
Primitivo.
Fetichista.
Picasso esencial.
Geométrico.
Simbolista.
Formal.
Narcisista.
Convulsivo.
Ibérico.
Pasional.
Picasso autobiográfico.
Precoz.
Ritualista.
Humorista.
Arrogante.
Hilarante.
Atávico.
Picasso republicano.
Antifranquista.
Genial.

Demiurgo.
Longevo.
Fecundo.
Apolítico.
Barcelonés.
Vanguardista.
Parisino.
Mitológico.
Alucinado.
Repetitivo.
Puntillista.
Ecléctico.
Cubista.
Ingenuo.
Melancólico.
Individualista.
Visionario.
Desgarrado.
Hermético.
Analítico.
Africano.
Realista.
Mago.
Solo.
Bobo.
Cumbre.
Lumbre.
Picasso pene.
Picasso erecto.
Picasso por si acaso.
¿Cuántas veces tendría que pintarme para dar conmigo?

(Entra Jaume SABARTÉS.*)*

SABARTÉS   Lee esto.

*(*PICASSO *lee el periódico que le entregan.)*

Escena 3

En un pequeño pueblo del País Vasco, en España, el 26 de abril de 1937.

MADRE   Primero tiene que llegar el verano, y cuando se acabe el verano irás al colegio.

HIJA   Pero yo quiero ir mañana. Yo quiero aprender dónde están los planetas y escribir novelas. ¿Por qué Andone va todos los días y yo no puedo ir?

MADRE   Porque Andone tiene seis años y tú todavía no, ¿cuántas veces te lo voy a decir?

HIJA   ¿Y por qué no puedo cumplir yo los seis ya?

MADRE   Porque los años se cumplen cuando se cumplen, Ana, no seas pesada. Vamos al mercado, o lo que vayan a poner hoy…

HIJA   No quiero ir al mercado. Yo quiero tener seis años.

MADRE   ¡La madre que te parió, que soy yo! Ana, me vas a acabar enfadando, termina de ponerte los zapatos de una vez y no me calientes más, que además no tengo un buen día hoy, eh, no tengo un buen día.

HIJA   Vale, haré lo que tú quieras, porque siempre hay que hacer lo que tú quieres, pero cuando tenga seis años me voy a ir a vivir a otro sitio.

MADRE   Ah, mira tú que bien, así no tendré que aguantarte… ¿Y dónde te vas a ir vivir, si puede saberse?

HIJA   Nos vamos a ir a… a Australia.

MADRE   ¿Quiénes? ¿Quiénes os vais a ir?

HIJA   La prima Andone y yo.

MADRE   Muy bien, peor para vosotras. Australia es un sitio espantoso y está lleno de canguros horribles y ¿sabes lo que hacen los canguros?

HIJA   ¿Qué?

MADRE   Comerse a sus hijos, y los koalas son los peores bicharracos que existen, tienen alas y vomitan fuego y achicharran a las niñas que no se ponen los zapatos, ¡por el amor de dios, Ana, quieres ponerte los zapatos de una vez!

HIJA   Que ya me los estoy poniendo.

MADRE	Espabila, que no tenemos todo el día y tengo que llevarles de comer a las viejitas, que si no vamos, se nos mueren. Dale.
HIJA	Ya voy, pesada. ¿Por qué has dicho eso de los Kobalas? ¿Es verdad?
MADRE	Koalas, se dice koalas, y claro que es verdad, vienen por el cielo haciendo un ruido infernal y con su vista de águila distinguen a las niñas que se llaman Anas y Andones y no paran de hacer preguntas tontas… Pero hija, si los koalas son como una especie de ositos que dan ganas de comérselos a besos, anda, que no llegamos.
HIJA	No me gusta que me hagas esas bromas.
MADRE	¿No te gusta? ¿Te digo yo lo que no me gusta?
HIJA	No.
MADRE	¿Te gusta que te haga cosquillas?
HIJA	No, cosquillas, no.
MADRE	Dame un beso ahora mismo.
HIJA	No.
MADRE	O me das un beso ahora mismo, o…

HIJA   ¿A que no me coges?

MADRE   ¿Que no te cojo?

            (*Salen las dos.*)

Escena 4

En Madrid, a principios de mayo de 2013.

Skype

HELMUT ¿Sigues ahí, querido Horst? Para que veas que me sigue importando el mundo, es decir, tus asuntillos: Cuéntale a Klaus lo que sientes por él. Y que pase lo que tenga que pasar. Vamos a ver. Eres uno de los tíos más brillantes que conozco, un periodista sagaz –además de hiperpremiado– culto, corrosivo, tenaz, además de ecologista, ateo y tan de izquierdas, eso dices, que no hay partido de izquierdas en el que te sientas representado, amas a Europa pero no a la Unión Europea, contradictorio como un helado de fuego, bla bla bla … y no te atreves a decirle a Klaus lo que sientes por él. Sé homosexual de una vez, atrévete a ser tú y ahora escúchame tú a mí, porque si tú tienes a tu Klaus, yo conocí, días después de ver a la anciana, a la mujer con la quiero pasar el resto de mis días. Te doy tiempo, por supuesto. Ríete todo lo que quieras. ¿Todo bien? ¿Has terminado? Por cierto, la primavera en Madrid es un regalo de los dioses, esos en lo que no crees.

Escena 5

Madrid, a la salida del Centro de Arte Reina Sofía. Mayo de 2013. Hay un rumor de voces que opinan.

VOCES

(*En off.*)

–¡Madre mía! Es tan grande que debe ser dificilísimo de transportar.

–Fue premonitorio de lo que iba a venir.

–¿Y dónde dices que hay un gallo?

–A mí me parece una pesadilla.

–Una pesadilla por lo malo que es.

–Tiene vida propia. Parece que te habla.

–Si le hubiera dado un poco de color, tendría más gracia.

–Yo creo que el pintor se vacía en el cuadro.

–¿Dónde dices que hay un gallo?

–Pues a mí me deja frío.

–Es la obra de un visionario genial.

–Yo creo que el toro representa a Franco.

–Es como una pintura rupestre.

–Es real. Es verdad. Es atroz.

–No hay bodrio comparable en la historia del Arte.

–Vaya par de huevos que tiene el toro.

–Hay una anticipación de Hiroshima, incluso de Auschwitz.

–Es una caricatura. Un garabato monumental.

–Es demasiado real, demasiado terriblemente verdadero, atrozmente verdadero.

–A mí me parecen tan solo siete por tres metros de pornografía.

–Irá ligado para siempre a la memoria del pueblo. El hombre que yace es el pueblo en armas que ha sucumbido a los horrores de la guerra.

–Ofende la memoria de las víctimas. No cuenta nada del bombardeo.

–Hay más historia del ser humano ahí que un libro de historia.

–Es un revoltijo de trozos de cuerpos que podría haber pintado cualquier niño de cuatro años.

–¿Eso es un gallo?

–Es un prodigio de composición y de energía.

–Esos dedos parecen pollas.

–Me provoca un hormigueo en la espalda, como si se me hubiera metido una araña por el cuello.

–¿Y dónde están las bombas?

–¿Pero es que este tío no sabe pintar normal?

–Y aquí, camuflado y con el mango partido, hay un hacha que se ha caído de las fasces de la justicia porque se está atacando a población civil, no militar, fasces, por cierto, que arrollan una mano de la que solo vemos cinco dedos…

–Me hace sentir tan rara como si alguien me estuviera cortando a trozos.

–Cinco dedos, los cinco años de libertad que había durado la República, cinco dedos que pertenecen a esa mujer que grita con los brazos abiertos con el sombreado del pelo que recuerda el gorro frigio.

–A mí me parece que preludia una crueldad gratuita. Hay una complacencia en la crueldad.

–Esa mujer bien podría ser España. Una España que ha perdido la libertad y que sufre los horrores de la guerra.

–Solo un español podría haber hecho esto.

–Es pura propaganda.

–Creo que está cargado de una emoción insoportablemente violenta.

–Es Goya.

–¿Eso es un gallo? Parece un pollo.

(*Aparece una joven,* ANA, *y tras ella,* HELMUT.)

HELMUT   Disculpe.

ANA   ¿Por qué?

HELMUT   ¿Do you speak english?

ANA   Creo que no.

HELMUT   ¿Me podrías... tienes un minuto?

ANA   No tengo dónde guardar el tiempo. ¿Cómo se puede guardar un minuto?

HELMUT   Perdona, no domino del todo tu idioma…
Digo que si no te importa que te acompañe.

ANA   Vamos juntos, si quieres. Hasta que me pierda.

HELMUT   Vale. Menos mal. Perdona que te haga esta pregunta: ¿por qué vienes a ver ese cuadro, ese ordenado amasijo de dolor y rabia en blanco y negro, por qué vienes todos los días?

ANA   Si sabes que vengo todos los días yo te pregunto a ti por qué vienes tú todos los días.

HELMUT   Vale. Vengo todos los días porque me gusta mucho ese cuadro.

ANA   Yo vengo porque me parece que ese cuadro habla de mí.

HELMUT   Claro. Habla de todos nosotros.

ANA   Por eso genera tantas fobias, tantos odios, tanta envidia… Y tanta admiración. Pero tú vienes buscando algo.

HELMUT   Ah, ¿sí?

ANA   Sí. No miras el cuadro… Taladras el cuadro con tus ojos… Y se te forma aquí, en el entrecejo, un hoyito de angustia.

HELMUT   Eso quiere decir que… me has observado.

ANA   Eso quiere decir que este cuadro te obsesio-
           na. ¿Qué hace si no un alemán viniendo to-
           dos los días a ver el mismo cuadro? No, no
           me voy a tragar que busques buena nota, es-
           tudies lo que estudies.

HELMUT   ¿Cómo sabes que soy alemán?

ANA   Por el acento, por la pinta, porque se te nota.

           (*Silencio.*)

HELMUT   ¿De dónde eres? ¿De qué parte de España eres?

ANA   ¿Importa?

HELMUT   No, en absoluto. Pero me gustaría saberlo.

ANA   Soy de lejos, pero Madrid es una ciudad aco-
           gedora. Muy cerca de aquí puedes comer en
           un hindú, en un libanés, un griego, un ma-
           rroquí, un peruano, un turco… Sal a pasear
           muy temprano, cuando el sol es solo una pro-
           mesa… y siéntate en las plazas a observar a
           los abuelos que dan de comer a los gorrio-
           nes… Madrid es una delicia cuando despier-
           ta, cuando se despereza y gime de placer en
           las mañanas de primavera… ¿Sonríes?

HELMUT   Si, sonrío. Sonrío porque da gusto escu-
           charte.

ANA   A mí también me gustaría escucharte.

Helmut   ¿Qué quieres que te cuente?

Ana   Qué no vas a olvidar de aquí, cuéntame eso.

Helmut   Hay muchas cosas que no voy a poder olvidar de España. A ti, por ejemplo.

Ana   ¿A mí? Por lo raro que visto, ¿a qué sí?

Helmut   No, por eso no, aunque sí vistes un poco raro… Por cómo miras, por cómo hablas… Y por cómo te ríes… *(Silencio.)* Podíamos ir juntos a ver el otro Museo, el del Prado… Hace tiempo que no voy.

Ana   Hay muchos cuadros allí dentro. Hay reyes a caballo, mujeres desnudas, enanos, monjes, diablillos con una flor en el culo y padres devorando a sus hijos. Ten cuidado si vas. *(Suenan las voces, los gritos, los cánticos de una manifestación.)* Me voy a esconder. No quiero que me pisen.

Helmut   ¿Qué?

Ana   Ven conmigo, si quieres.

Helmut   ¿Por qué te ríes ahora?

Ana   Cuando tengo miedo, me río. Si creo que me voy a morir, me muero de risa. ¡Corre, Helmut, escóndete!

(Se esconden. La manifestación se acerca.)

HELMUT   ¿Cómo me has llamado?

ANA   Están rabiosos, van a morder.

HELMUT   Oye…

ANA   Ríete, Helmut, si tienes miedo, ríete. Temen por sus hijos, por eso están rabiosos.

HELMUT   ¿Quién eres tú?

ANA   Mañana también vendrán. Tienen una rabia tan grande que se van a terminar desbordando los ríos. ¿Tienes tus papeles en regla? ¿Tus tarjetas sanitarias están vigentes?

HELMUT   Creo que sí. Oye, tú…

ANA   Porque pretenden cerrar las urgencias en muchos pueblos pequeños. Si te pones enfermo por la noche, te fastidias. Pero si te pones muy enfermo, te puedes morir, de un infarto, por ejemplo, o quedarte con lesiones irreparables, de un ictus. Antes eran gratis las vacunas de los niños, ahora tienes que pagar algunas. A los que mandan, y a los que han encomendado su vida a dios, les preocupa muchísimo el embrión, pero les importa un pepino que luego los niños se mueran. En cuanto pasamos de ser un concepto a ser una realidad física y palpable que necesita atención y asistencia, solo les importamos si podemos pagar nuestra salud.

HELMUT   Vale, vale, un momento… Ya se van. Parece que ya se van.

ANA   Pero vendrán enseguida. Los gobernantes han echado jugo de limón en muchas heridas abiertas, en casi todos los rincones, y mientras lo hacen, a veces, piden paciencia; a veces, se ríen, y por todas partes hay gente desesperada con las llagas sangrando y un puñal en los ojos. Voy a aprovechar para salir corriendo.

HELMUT   Un momento, por favor, no te vayas. ¿Cuándo te puedo volver a ver?

ANA   Vengo todos los días aquí a mirar este cuadro. See you later.

HELMUT   ¿Cómo te llamas?

ANA   Y no es en blanco y negro. Lo que pasa es que no sabéis ver el color del fuego.

(ANA *ya no está.*).

Escena 6

Vitoria, España, 25 de abril de 1937. HANS
Schinlauer, piloto alemán, perdido en sus refle-
xiones, mientras se viste con el impecable uni-
forme de la Luftwaffe.

HANS   Mañana. Mañana tengo que salir desde Vi-
              toria hacia la ría de Mundaka para girar y
              volver a tierra... A las cinco y cuarto de la
              tarde he de estar listo para emprender el vue-
              lo, como muy tarde, a las cinco y media. Poca
              cosa. Un vuelo corto y fácil. Antes, desde
              nuestra base en Burgos, solitario y sereno,
              un Dornier 17 intentará volar un puente que
              impida el paso o la retirada de las tropas ene-
              migas... Después, camaradas italianos con
              sus Saviola-79 y nuestros Heinkel 111 bom-
              bardearan buscando objetivos militares, cuar-
              teles con batallones de soldados fuertemen-
              te equipados, una peligrosa fábrica de armas,
              carreteras, lugares estratégicos debidamente
              señalados por nuestros superiores... Y des-
              pués nuestros Junkers 52, acompañados de
              los Fiat italianos y nosotros, los pilotos más
              veloces, más audaces, en estas máquinas pro-
              digiosas que se llaman Messerschmitt Bf 109,

someteremos a un enorme castigo a estas tropas combatientes en el nefasto bando del comunismo, para así acabar cuanto antes esta guerra en el frente Norte… Mi labor será abatir a los soldados que desde tierra disparen contra nuestros aviones, o a los que huyan despavoridos de nuestros bombardeos. Pan comido. He sido elegido por mi pericia y habilidad con los aparatos ligeros, por mi intuición, por mi manera de caer en picado y hacer vuelos rasantes, por mi precisión de tiro, por mi plasticidad de ave rapaz. ¡Cóndor! He tenido el privilegio de formar parte de la Legión Cóndor, y así poder probar, en la carne de esta tierra ajena, la potencia y eficacia de la industria bélica alemana, de la flamante aviación que se prepara para sobrevolar y destruir a todo aquel país que no baje la cabeza ante nuestro inevitable renacer.

Escena 7

*En un pequeño pueblo del País Vasco, en Espa-
ña, el 26 de abril de 1937.* BRAULIA, *una mujer
de unos sesenta años, empuja la silla de ruedas
en la que desplaza a su madre,* LAUREANA, *por
toda la casa.*

LAUREANA   A la ventana, nena, a la ventana.

BRAULIA   ¿Qué dice?

LAUREANA   Que me lleves a la ventana.

BRAULIA   A la ventana.

LAUREANA   Sí, hija sí, a la ventana. (*La* HIJA *deja a la madre en la ventana. Después, enciende la radio.*)
¿Sabes si al final ha habido mercado, o no?

BRAULIA   ¿Qué dice?

LAUREANA   Nada, hija, no digo nada. ¿Qué si al final ha
habido mercado en el ferial?

BRAULIA   Ahora voy, madre, ahora voy.

LAUREANA   No vengas. ¿Quién te ha dicho que vengas?

BRAULIA   ¿Qué dice?

LAUREANA   ¿El mercado, que si han puesto el mercado?

BRAULIA   Sí, madre, sí. Ya vendrá la Anita con el pedido.

LAUREANA   ¿Qué pedido?

BRAULIA   ¿Qué dice?

LAUREANA   Que qué le has encargado.

BRAULIA   Ya estará viniendo, madre, como todos los lunes.

LAUREANA   Pero hoy no es como todos los lunes. Hoy no se sabe muy bien donde pueden bombardear los fascistas, ¿no lo has oído en la radio, tú, que te pasas el día oyendo la radio?

BRAULIA   ¿Qué dice?

LAUREANA   Sorda, hija, cada día estás más sorda. (*Silencio. Mirando por la ventana.*) Mira esa, estará contenta, la muy asquerosa, que ayer bombardearon Eibar y se atrevió a decir que nos anduviéramos con cuidado… A ver si con un poco de suerte te cae a ti una bomba, cerda carlista, y revientas tú y toda tu familia. ¡Ay, no, que los niños no tienen culpa de nada!

BRAULIA   ¿Qué dice, madre?

LAUREANA   Y la otra, que va presumiendo de apellidos, la flor y nata de la raza vasca… ¡Que os coméis los santos crudos, que habláis de los franquistas y sois más meapilas que ellos…!

BRAULIA   ¿Me está diciendo algo, madre?

LAUREANA   Que en los primeros tiempos de la República ibais de la mano, en contra de todo lo bueno, y ahora resulta que esto es una guerra entre españoles, me cago en todos vuestros muertos, así nos va…

BRAULIA   Calle, madre, que no me deja oír.

LAUREANA   Benditos míos, míralos, dispuestos a darlo todo por su tierra… Si son niños… Mira a Xabi, que no sabe si luchando por Euskadi está luchando también por la república española, y no sabe si eso es bueno, lo de española, no lo tiene claro del todo, angelito, «pero por aquí no pasa un franquista», dice, «si no es por encima de mi cadáver… ». Dios te oiga, gudari, que todavía te recuerdo llorando por haberte caído de la bicicleta…

BRAULIA   Madre, dice la radio que a media tarde se va a estropear el día, así que mejor no salimos… Voy a ver cómo va el fuego.

LAUREANA   Pues, ¿cómo va a ir? Deja que cueza bien, a fuego lento. Y al final le añades una patatita picada. No hay prisa. Por ahí viene Anita, con el pedido… Y trae a la niña.

Escena 8

En el estudio de la rue des Grands-Augustins.
En el París ocupado. 1942.

SABARTÉS   Pablo… Vienen. Hoy sí.

PICASSO   Que entren. Sé amable, Jaume.

SABARTÉS   Naturalmente. Les diré «Herrs nazis, sién-
             tense, están ustedes en su casa, ¿prefieren
             sus *gestapías* un borgoña o son más inclina-
             dos al burdeos?».

PICASSO   No, eso no, pero tampoco les lances una gra-
             nada de mano.

SABARTÉS   ¡Quién la tuviera!

PICASSO   Hay que saber tratar con ellos.

SABARTÉS   Por supuesto.

PICASSO   Estamos vivos, ¿no? Pues seguiremos vivos.
             Tengo un miedo más grande que la pirámi-
             de de Keops, más largo que la muralla china
             y más profundo que la estupidez de todos
             mis contemporáneos juntos, pero nadie me

lo va a notar. ¿Tú me notas el miedo? Mírame bien.

SABARTÉS   Por todas partes, querido Pablo. Rezumas miedo. Lo chorreas. Esas comparaciones tan lamentables solo pueden ser fruto de una enorme diarrea… mental. En resumen, que tienes un miedo que te cagas.

PICASSO   Pero tú juegas con ventaja. Llevas conmigo, sin exagerar, unos ciento cincuenta años. Me conoces mejor que mi esposa, que mis amantes, eres mi óleo, mi yute, mi…

SABARTÉS   Sí, Pablito, sí. Me siento como una mosca atrapada en la mirada fija de Picasso. Hoy no van a pasar de largo. Tiene esto muy mala pinta… Además, está ese que se ríe por todo… no sé si será capitán, teniente o vete tú a saber… pero su edad mental es, vamos a decir que inferior a muy baja, o lo que es lo mismo, extremadamente poco alta.

PICASSO   Das demasiadas vueltas. Di imbécil, simplemente. Casi me dan más miedo los que presumen de refinados. Un nazi refinado, culto, amante de la filosofía y de la música, puede ser un consumado asesino. ¿Vienen?

SABARTÉS   Vienen. Te hago una apuesta.

PICASSO   Venga.

SABARTÉS   Se quedan a solas contigo, que para eso eres quien eres, y a mí me mandan a un campo de concentración allí donde Cristo perdió el gorro, la virginidad y la fe.

PICASSO   Puede ser. También puede ser que me peguen un tiro en la cabeza, ya que soy quien soy, a ti ni te miren, y se vayan tan campantes.

SABARTÉS   Puede ser. También puede ser que me peguen un tiro a mí, precisamente porque soy un don nadie, y charlen contigo del Santo Grial, que como sabes la lumbrera de Heinrich Himmler ha ido a buscar a las cumbres de Montserrat, y como tú eres un poco catalán…

PICASSO   Puede ser. También puede ser que me peguen un tiro a mí por ser yo quien soy, es decir el genio más grande del siglo XX y parte de los siglos venideros, y luego te peguen un tiro a ti, que te conocen en tu casa y a la hora de comer, y además eres miope.

SABARTÉS   Puede ser. También puede ser que primero me peguen un tiro a mí y después te lo peguen a ti y se vayan tan campantes y ni siquiera tengan la delicadeza de preguntarnos si nos gusta Parsifal más que Renzi o preferimos la verbena de la Paloma.

PICASSO   Puede ser. También puede ser que se despisten y pasen de largo y luego cuando vuelvan a por nosotros ya no estemos y se queden más corridos que una mona.

SABARTÉS   Puede ser. *(Silencio.)* Pero no va a ser. Vienen, Pablo, vienen.

PICASSO   Me voy a peinar, quiero estar presentable ante unos señores tan importantes.

(Ambos se quedan en silencio. Esperando. Se acerca el ruido de unas botas militares.)

Escena 9

Madrid. Centro de Arte Reina Sofía. Junio de 2013.

HELMUT   Ana. ¿Te acuerdas de mí?

ANA   Claro. Eres Helmut.

HELMUT   Yo nunca te dije mi nombre, ¿cómo es posible que lo sepas?

ANA   ¿Y por qué sabes tú el mío?

HELMUT   No lo sé, me lo dijiste tú, supongo.

ANA   Escúchame bien. Es posible que no nos volvamos a ver.

HELMUT   ¿Por qué?

ANA   Porque cuando te miro a los ojos siento que yo ya te conocía.

HELMUT   Claro, nos vimos el otro día, estuvimos hablando.

ANA   Toma esta dirección, y pregunta por mí.
           Cuando llegues al final, sabrás dónde estoy.
           Me ha gustado mucho conocerte.

HELMUT   ¿Dónde vas?

ANA   Cuídate mucho. Y ten cuidado con acumular
           demasiadas riquezas, puede que te conviertas
           en un hijo de puta. Por mucho que digan lo
           contrario, yo te digo que hay mucho y hay para
           todos, no lo olvides, nos han robado la sani-
           dad, la educación, han humillado a nuestros
           médicos, a nuestros maestros, a nuestros in-
           vestigadores, a nuestros creadores, y nos van
           a terminar cobrando hasta el aire, nos conven-
           cerán de que es un bien de consumo y dirán
           que está sujeto a las leyes del mercado.

HELMUT   Un momento, ya está bien. ¿Quién habla por
           ti? ¿Quién eres?

ANA   Tengo prisa porque tengo miedo de aburrir-
           te, y no quiero que cambies de canal. Miro
           en tus ojos y me apetece desnudarme y me-
           terme en una barrica de ron y luego dormir-
           me cabeza abajo como los murciélagos. Pero
           no tenemos tiempo para que el viento nos
           acaricie. Porque yo misma tengo miedo de
           ser viento. Por eso me tengo que ir.

HELMUT   No entiendo lo que dices, maldita sea, no en-
           tiendo nada de lo que dices. Yo quiero que
           me mires a los ojos.

ANA   Son peligrosos.

HELMUT   ¿Qué?

ANA   Yo he visto esos ojos… antes.

HELMUT   Sí, el otro día, Ana, el otro día…

ANA   Antes. Antes del otro día. ¿Por qué te obsesiona el cuadro?

HELMUT   ¿Qué?

ANA   ¿Por qué te duele tanto?

HELMUT   Ana, no pareces la misma.

ANA   ¿Qué hay detrás de ti?

HELMUT   Es una tontería… Me da hasta vergüenza contarlo. Alguien de mi familia escribió algo… disparatado… que siempre he creído que tenía que ver con el bombardeo… Déjalo, es ridículo.

ANA   Tus ojos…

HELMUT   ¿Qué les pasa a mis ojos? Son bonitos, ¿no?

ANA   Son bonitos. Pueden amar.

HELMUT   Pueden… amarte.

Ana   Pero antes mataron.

Helmut   ¿Qué?

Ana   Me tengo que ir.

Helmut   ¿Por qué no vamos a comer a Lavapiés a esos
           sitios maravillosos que dices? ¿Por qué no
           nos levantamos juntos y saboreamos juntos
           las mañanas de Madrid? ¿Por qué no vamos
           tú y yo a darles de comer a los gorriones?
           ¿Estamos locos, Ana, estamos locos?

Ana   Has venido a buscar algo entre los escom-
           bros, Helmut.

Helmut   ¿Qué escombros?

Ana   ¿Estamos locos, Helmut, estamos locos? Me
           tengo que ir.

Helmut   ¿Por qué te ríes?

Ana   Porque tengo miedo.

Helmut   ¿De qué? ¿De mí?

Ana   No. De ti no. Me hubiera gustado conocerte
           más despacio, en otro tiempo… Déjame que
           te toque, y tu ropa, dame algo que llevarme
           de ti… (Helmut *se busca precipitadamente en
           los bolsillos, en la cartera.*) … pero no quiero

tus tarjetas de crédito, dame ese papel, esto me vale.

HELMUT   ¿Esto?

ANA   Sí, un ticket de la librería. Me lo quedo. Gracias, Helmut. Estarás con nosotras para siempre. Ahí va también mi teléfono. Puede que cuando llames no esté, pero insiste, por favor, así sabré que has llamado. Hasta el otoño.

HELMUT   Pero ¿dónde vas, dónde vas?

          (*Pero* ANA *ya no está.*)

Escena 10

26 de abril de 1937. Hans *Schinlauer en pleno vuelo sobre las tierras del País Vasco, en España, en el monoplano alemán Messerschmitt Bf 109.*

Hans   Esto es majestuoso. Si somos capaces de volar así, ¡tiembla mundo, tiembla, Alemania ha vuelto! No conozco algo comparable a esto… No, no… No hay sexo, no hay deleite como este… Esta embriaguez es… espiritual, casi religiosa. Hans Schinlauer, ¡me siento más cerca de dios!… Ah, sí claro, será porque voy a 6.000 metros de altura… Esos cazas italianos son divertidos, míralos, son como mosquitos… Pero esta máquina en la que surco el aire, esta maravilla, casi puede doblar vuestra velocidad, os hemos superado también en esto, *spaguettis*, hacednos de escolta y luego dejad que mis mayores hagan el trabajo grueso, Junkers, dieciocho Junkers… ¿Cuántos puentes, cuántas carreteras y cuántas fábricas podemos destruir con dieciocho Junkers? ¡Eh, *fetuccini*, dejadme a mí el trabajo *fini*! Yo no puedo destruir puentes, pero puedo acribillar desde aquí el rabo de una lagartija. ¡Comunistas españoles!

¡Asomad la cabeza, enseñadme la patita, vamos a barrer de republicanos bolcheviques la tierra de España!

(Entra una comunicación por radio. Hay algunas interferencias.)

RADIO   ¿Hans?

HANS   ¿Señor?

RADIO   Soy Thomas. ¿Cómo vas?

HANS   Bien. ¿Y usted, señor?

RADIO   ¡Ya estamos! Tutéame y llámame Thomas. Estoy a tu derecha. Volamos… hacia un pueblo pequeño… ¿Sabes exactamente lo que tenemos que hacer?

HANS   Estar atentos para que nuestros Junkers puedan realizar su trabajo a la perfección. Nuestros Junkers van a volar toda la infraestructura…

THOMAS   Es muy difícil acertar un puente desde 2000 metros… Eso lo sabe un principiante… Vamos a reventar el pueblo.

HANS   Eso no es posible, señor. Hay que ser precisos en los ataques y volar solo los objetivos de guerra.

THOMAS   Ya, claro. ¿Tú te crees que una bomba es igual
            que las ametralladoras nuestras? ¿A qué nun-
            ca te has subido a un bombardero y has sol-
            tado la mercancía?

HANS   No.

THOMAS   Pues yo sí, por eso sé lo que digo. Ese pobla-
            cho, de aquí a un par de horas, va a ser es-
            combros ardiendo. Los Junkers 52 llevan
            bombas incendiarias para quemar todo lo
            que no se haya caído. Y nosotros luego ma-
            tamos a todo lo que se mueva. Rematamos.

HANS   ¿Cómo sabe eso, señor?

THOMAS   Que me tutees, Hans, que me tutees, que tú
            y yo tenemos ya muchas horas de vuelo. Mi
            tío no se anda con tonterías. De aquí a diez
            minutos nos van a contar que el objetivo es
            todo el pueblo. El coronel Richthofen pre-
            fiere dejar una huella imborrable en el áni-
            mo de esta gente, y ganar esta guerra cuan-
            to antes.

HANS   En ningún momento se había hablado de
            bombardear el pueblo.

THOMAS   Esto es una guerra, Hans. Este país está abo-
            cado a un régimen terrible y espantoso, se
            dicen demócratas pero son comunistas bol-
            cheviques en manos de Stalin… ¿Vamos a de-
            jar que esto triunfe y se contagie a Francia,

o a Inglaterra? El comunismo es lo peor que le puede pasar a la humanidad. Esto es una guerra. Y tú eres un piloto del ejército alemán.

HANS
Sí, señor, pero solo digo que deberíamos extremar nuestra puntería. No queremos dañar a gente inocente…

THOMAS
Aquí no hay nadie inocente, Hans. No te equivoques. Los aplastamos, nos temen pavorosamente, esto se acaba y nosotros nos vamos a casa.

HANS
Sí, señor, pero pienso…

THOMAS
Eres muy bueno, Hans, muy bueno. Eres el mejor. Te apuesto una pinta a que esta noche se te ha olvidado el nombre de este pueblo.

HANS
Estamos llegando. ¿Qué hacemos?

THOMAS
Esperar órdenes. Y afinar la puntería.

(Abajo, en el pueblo, suenan campanas.)

Escena 11

*Guernica, 26 de abril de 1937. Son las 18:15
de la tarde. Caen bombas sobre el pueblo de una
manera brutal e indiscriminada. Las explosiones son a veces cercanas, a veces lejanas, pero
todas estremecen.* BRAULIA *duerme.* LAUREANA
se agita. Hay poca luz. Y cada vez más polvo.

LAUREANA   ¡Braulia! ¡Braulia! ¿Estás oyendo? ¿Dónde
estás? Eres capaz de no enterarte de nada…
¡Braulia, hija, no andes por ahí tu sola, a ver
si te va a pasar algo! ¡Ven conmigo! ¡Braulia!

(Explosión muy cercana.)

BRAULIA   Pues, ¿qué? ¿Qué es lo que está pasando?

LAUREANA   ¡Ay, Dios mío de mi vida! ¿Dónde andabas,
hija, dónde andabas? Ven, dame la mano y
no me sueltes.

BRAULIA   ¿Qué dice usted, madre?

LAUREANA   ¿Dónde andabas?

BRAULIA   No sé qué dice madre. ¿Qué dice?

LAUREANA   Mírame los labios, hija, mírame los labios…
                Están cayendo bombas, ¿me oyes?, están ca-
                yendo bombas…

BRAULIA   Bombas, sí. ¿Y qué quiere que hagamos?

LAUREANA   No lo sé hija, no lo sé. Me cago en mi san-
                gre ilustrada, laica y republicana. Si me que-
                daran unos gramitos de fe, rezaría, pero no
                voy a poder, no voy a poder… ¿A ti tampo-
                co te sale rezar, hija? El padrenuestro, ¿te
                acuerdas?

BRAULIA   Ea, madre, aquí estamos las dos muy bien.

LAUREANA   Si dios se entera de que lo hago por interés…
                Ay, no me sueltes… Padre nuestro que estás
                en los cielos, santificado sea tu nombre…
                (*Explosión lejana.*) ¡Toma leches! No debes
                ser tú, Señor, el que estás en los cielos en este
                momento… Venga a nosotros tu reino, há-
                gase tu voluntad así en la tierra como en el
                cielo… (*Explosión lejana.*) ¡Mira cómo bom-
                bardean los que siempre tienen tu nombre
                en la boca! ¡Vaya manera de amar al próji-
                mo! … Venga a nosotros tu reino, hágase tu
                voluntad así en la tierra como en el cielo…
                (*Explosión cercana.*) ¡Y vaya manera de amar
                a España!… El pan nuestro de cada día dá-
                noslo hoy… Y aquí me quedo, hija, aquí me
                quedo… ¿Cómo sigue esto, Braulia?

BRAULIA   ¿Qué dice, madre? Para que me dice usted nada si sabe que no la oigo, calle usted, mujer, calle.

LAUREANA   Reza, hija, reza conmigo, que tú nunca has sido tan descreída como yo… Mírame los labios, aquí, los labios…

BRAULIA   A ver, ¿qué?

LAUREANA   … hágase tu voluntad así en la tierra como en el cielo, el pan nuestro de cada día, dánosle hoy… ¿Cómo sigue? ¿Te acuerdas?

(Explosión lejana.)

BRAULIA   El pan ya lo ha traído la Anita, madre… ¡Madre!

LAUREANA   ¿Qué?

BRAULIA   Están bombardeando el pueblo.

LAUREANA   ¡Toma castaña! Hija, escúchame, esto es muy importante. Si me pasa algo…

BRAULIA   ¿Qué dice?

LAUREANA   Aquí, a los labios. En la consola de la habitación hay algunos ahorrillos, en el cajón de arriba, en una cajita de madera con incrustaciones de plata… Habrá unas dos mil pesetas…

BRAULIA   ¿Qué dice? Si eso ya me lo ha dicho cien ve-
           ces, ya lo sé…

LAUREANA   Para que no se te olvide.

BRAULIA   Dos mil pesetas, si ya lo sé…

LAUREANA   Eso, hija, eso…

BRAULIA   Ya lo sé…

LAUREANA   Ya sé que ya lo sabes, pero por si acaso.

           (Explosión lejana.)

BRAULIA   Madre.

LAUREANA   ¿Qué?

BRAULIA   Están bombardeando el pueblo.

LAUREANA   No te acerques a la ventana, ven aquí con-
           migo. Dame un paseo.

BRAULIA   ¿Por qué?

LAUREANA   Dame un paseo, ¿me oyes?, dame un paseo,
           eso es, y así nos distraemos un poquito. Pa-
           dre nuestro que estás en los cielos, santifica-
           do sea tu nombre…

BRAULIA   Madre…

Laureana   … venga a nosotros tu reino…

Braulia   ¿Por qué nos bombardean?

Laureana   … hágase tu voluntad…

Braulia   ¡Madre!

Laureana   … así en la tierra como en el cielo.

Braulia   ¿Por qué nos bombardean?

Laureana   … El pan nuestro de cada día dánoslo hoy…

Braulia   ¿Por qué?

Laureana   ¿Cómo sigue, hija, cómo sigue?

              (Explosión muy cercana.)

Braulia   ¡Madre!

Laureana   ¡Braulia! ¿Cómo sigue?

Braulia   ¿Por qué, madre?

Laureana   ¿Qué viene después de «dánoslo hoy»?

Braulia   ¿Por qué nos bombardean?

Laureana   ¿Qué viene después?

Braulia   ¿Me oye, madre?

LAUREANA   ¿Qué, hija?

BRAULIA   ¿Por qué, madre?

            (*Explosión muy cercana.*)

LAUREANA   Dánoslo hoy… , ¿qué viene después?

BRAULIA   Madre.

LAUREANA   ¿Qué?

BRAULIA   Voy a rezar.

LAUREANA   Reza, hija, reza.

BRAULIA   Creo en dios todopoderoso, creador del cie-
            lo y de la tierra.

LAUREANA   ¡La madre que te parió, que soy yo!

BRAULIA   Creo en Jesucristo, su único hijo, nuestro se-
            ñor, que fue concebido por obra y gracia del
            Espíritu Santo…

LAUREANA   ¿Desde cuándo te sabes tú el Credo? ¿Des-
            de cuándo?

BRAULIA   Nació de María Virgen, padeció bajo el po-
            der de Poncio Pilato, fue crucificado, muer-
            to y sepultado…

LAUREANA   ¡Ay! No digas sepultado, hija, eso no.

BRAULIA   Descendió a los infiernos, al tercer día resu-
             citó de entre los muertos, subió a los cielos
             y sentado a la diestra de Dios Padre desde
             allí ha de venir a juzgar a los vivos y a los
             muertos.

LAUREANA   Pareces un papagayo, ponle un poquito de
             entusiasmo, que eso lo notan allá arriba.

BRAULIA   Creo en el Espíritu Santo, la Santa Iglesia Ca-
             tólica, la comunión de…

LAUREANA
/BRAULIA   … los santos, el perdón de los pecados, la re-
             surrección de los muertos y la vida eterna.
             Amén.

             (*Silencio largo.*)

LAUREANA   Gracias, hija. Dame la mano, no te separes
             nunca de mí. ¿Me lo prometes?

BRAULIA   ¿Nos habrá escuchado Dios, madre?

LAUREANA   Yo creo que no. Dios está más sordo que tú.
             Ven conmigo, hija, no te separes nunca de
             mí.

BRAULIA   La quiero mucho, madre. Hace cincuenta
             años que no se lo digo. La quiero mucho.

LAUREANA   Y yo a ti, hija, y yo a ti.

BRAULIA ¿Qué dice, madre, qué dice?

(Un terrible estrépito y una nube de polvo las envuelve.)

Escena 12

*En París, en la rue des Grands-Augustins, el
27 de abril de 1937.*

SABARTÉS   Toma. Lee esto.

(PICASSO *lee el periódico que le dan. Hay una
quietud interminable. Como en los años del
«papier collé», el texto que* PICASSO *lee en el
periódico –la crónica del periodista inglés Ge-
orge Steer– es una textura que da fondo a toda
la escena.*)

PERIÓDICO   … «El bombardeo de este desprotegido pueblo alejado de las líneas del frente duró exactamente tres horas y cuarto, durante las cuales, una poderosa escuadrilla de tres tipos
diferentes de aviones alemanes, los bombar-
deros Junkers y Heinkel, y los cazas Heinkel, no pararon de arrojar bombas de hasta
media tonelada de peso, acompañadas de más
de 3000 pequeños proyectiles incendiarios…

SABARTÉS   Pablo…

PERIÓDICO   … »A las dos de la madrugada del día de hoy,
cuando entré en el pueblo, el panorama era

estremecedor. El pueblo ardía de principio a fin. El reflejo de las llamas podía distinguirse en las nubes de humo sobre las montañas a diez millas de distancia…

SABARTÉS   Pablo…

PICASSO   Ponte en contacto con Olga

SABARTÉS   Con Olga.

PICASSO   Y con Marie-Thérèse.

SABARTÉS   Y con Marie-Thérèse.

PERIÓDICO   … »El objetivo del bombardeo era, aparentemente, la desmoralización de la población civil y la destrucción de la cuna del pueblo vasco.

SABARTÉS   ¿Y qué les digo?

PERIÓDICO   … »Empezando por el mismo día en que la matanza se llevó a cabo. El lunes era el día en que se celebraba el tradicional día de mercado…

SABARTÉS   Pablo…

PERIÓDICO   … »a las cuatro y media de la tarde, estando el mercado lleno y cuando más campesinos iban llegando, la campana de la iglesia dio la voz de alarma anunciando la llegada de aviones…».

Sabartés   Pablo…

Picasso   Y llama también a Dora…

Sabartés   A Dora, muy bien. ¿Y qué les digo?

Periódico   … »Todo un pueblo entero, de unos 7.000 habitantes, más unos 3.000 refugiados, fue reducido sistemáticamente a escombros…

Sabartés   Pablo, ¿qué les digo?

Periódico   … »yo vi, en una calle que baja de la Casa de Juntas, un lugar en el que se dice que 50 personas, la mayoría mujeres y niños, fueron atrapados en un refugio antiaéreo bajo una masa de escombros en llamas…

Sabartés   Pablo…

Picasso   Diles que no se me enfaden, pero que todo este mes voy a estar con otra, con otra que me necesita más…

Sabartés   No te sigo.

Periódico   … »Después venían los cazas que bajaban en picado para ametrallar a aquellos que salían aterrados de los túneles subterráneos…

Sabartés   Pablo, estoy aquí, aló, aló, llamando a Pablo Picasso…

PERIÓDICO … »Mucha gente murió mientras huía…

SABARTÉS Me voy con ella porque ya nació con una herida profunda en el costado, nació perdiendo sangre y aun así tenía una risa contagiosa, una alegría desbordante y una voluntad oceánica, pero ahora ha llegado el sapo más repugnante que había en un estanque de aguas podridas de El Ferrol y ha metido su lengua untuosa de excremento y odio por la grieta abierta en el costado de mi amada, y así infectarla de muerte. Tenemos que defendernos, Jaume.

PERIÓDICO … »Un gran rebaño de ovejas que eran llevadas al mercado también resultó arrasado…

SABARTÉS ¿Estás bien?

PICASSO Nació mi amada preñada de sueños de letra impresa para todos y al menos un plato de lentejas al día, hambrienta con una hambre de siglos, y se atrevió como nunca nadie se había atrevido a mirar a los ojos de los hombres con casulla, de los que se pasean a caballo por la anchura de la dehesa y de los que huelen a pólvora y cuartel.

PERIÓDICO … »Primero, granadas de mano y bombas pesadas para espantar a la población…

PICASSO Dile a Olga, a Marie-Thérère y a Dora que me dejen estar con ella…

Periódico   … »Después los ametrallaban para que permanecieran en los refugios…

Picasso   Es muy joven… había que darle tiempo, tenía derecho a equivocarse, otros llevan siglos fatigando la existencia humana. Es joven, valiente, audaz, entusiasta y bella, salvajemente bella. Pero tiene muchos y muy poderosos enemigos.

Periódico   … »Y finalmente, harían uso de bombas incendiarias para destruir las casas y quemarlas con sus ocupantes dentro…

Picasso   Está herida de muerte, Jaume. Cautiva. Y la rematarán, y matarán a sus hijos, y querrán que caiga para siempre en el pozo del olvido.

Periódico   … »Cuando volví a entrar esta tarde, la mayor parte del pueblo estaba todavía en llamas, y además, se habían producido nuevos focos de fuego…

Sabartés   Pablo…

Picasso   Está herida de muerte, ha perdido la libertad…

Periódico   … »Unas treinta personas yacían muertas en las ruinas de un hospital… ».

Picasso   Y la han dejado sola.

Escena 13

Mallorca. Cerca del Cabo de Formentor. Oto-
ño del año 2013. HELMUT *hace sonar el timbre*
de una puerta. Nadie abre y nadie contesta.
Vuelve a pulsar. Espera un rato. No pasa nada.
Pulsa por tercera vez y por tercera vez, no pasa
nada. Después de un rato, una mujer de unos
cincuenta años se acerca. Anda muy despacio,
muy serena. Lleva una bolsa en la que se adi-
vinan frutas y verduras y de la que sobresalen
los tallos de unos puerros. Se sienta en una roca,
frente al mar y mira al horizonte. HELMUT *se*
acerca a ella.

HELMUT   Se le ha caído este papel.

MUJER   Ah, gracias…

HELMUT   Disculpe, ¿sabe usted si vive alguien en esta
          casa?

MUJER   Ya no.

          (Silencio.)

HELMUT   Perdone… Es que estoy buscando a… una
          amiga… ¿Dice usted que ya no vive nadie?

MUJER   Desde hace unos ocho años en esta casa ya
               no vive nadie. ¿Por qué buscas a tu amiga
               aquí?

HELMUT   Ella me dio esta dirección. Ella me dijo que
               viniera aquí.

MUJER   ¿Y estás seguro de que no te has equivocado?

HELMUT   Mírelo usted misma. Me dio este papel.

               (*La mujer coge el papel y lo examina, sin pri-
               sa, con mucha atención.*)

MUJER   Tiene una letra enloquecida tu amiga. Vive agi-
               tada. Hay un teléfono. ¿Por qué no la llamas?

HELMUT   No coge el teléfono. Me lo advirtió. Ya sé que
               suena raro, pero… No sé mucho más de ella.

MUJER   Espérala.

               (*Silencio.*)

HELMUT   Es que no me dijo que fuera a venir. (*Silen-
               cio.*) Es que no sé quién es. Es que no sé qué
               hago aquí. (*Silencio.*) Y usted, ¿quién es?

MUJER   Llámala.

HELMUT   ¿Cómo?

MUJER   Te dio el teléfono para que la llamaras.

HELMUT   Ya le he dicho que no lo coge. Me dijo que
            no lo iba a coger, pero así sabría que la he
            llamado.

MUJER   Llámala ahora. Puede que no estuvieras en
            el sitio adecuado.

HELMUT   Es inútil. De verdad.

MUJER   No te cuesta nada. (HELMUT *saca del bolsillo*
            un teléfono móvil y llama, con evidente desga-
            na. Él no lo aprecia aún pero, lejano, suena un
            teléfono dentro de la casa. Mira a la MUJER *y,*
            de pronto, se percata de lo sucedido. Vuelve a
            marcar. Y dentro de la casa suenan ahora más
            nítidas todas y cada una de las señales de lla-
            mada.) ¿Entramos?

HELMUT   ¿Cómo?

MUJER   Con las llaves.

Escena 14

Skype

Helmut   No te crees nada, ¿verdad? Mejor. Pero ahora no me falles, por lo que más quieras. Mi
tío Otto, el nazi, hemos hablado mucho de
él... Yo sé que tuvo una casa en Mallorca, me
lo contó mi madre, pero luego enfermó del
riñón, fue grave, y el caso es que tuvo que
venderla... Sabes que mis padres no se hablan con mis tíos desde hace más de diez
años, y cuando digo no hablarse digo desear-
se una mala vida mutuamente... Mi abuelo,
el padre de mi padre, murió torturado en el
Castillo de Hartheim, era checoslovaco, eso
también te lo he contado –¿hay algo que no
te haya contado?–... En fin, mi tío Otto, que
como sabes no es que sea un negacionista,
yo le llamo el afirmacionista, que no se corta un pelo y dice que estuvo muy bien todo
lo que hicieron los nazis, alguna vez debió
decir delante de mi padre alguna barbaridad
de los checos, algo así como que la muerte
de Heydrich la iban a estar pagando toda la
vida y que lo que le pasó a mi abuelo, el che-
co, es lo menos que podía haberle pasado, y
mi padre, que te juro, y tú le conoces, es más
bueno que el pan y no es capaz de matar una

mosca, pues sin pensárselo dos veces le dio un botellazo en la cabeza, la botella no se llegó romper de lo dura que era pero la cabeza de mi tío sí, perdió la conciencia y hubo que hospitalizarlo y todo… Resumo. Me es de vital importancia saber dónde estaba exactamente la casa de mis tíos. Mis padres no me van a ser de ninguna ayuda en esto, y casi lo prefiero, y yo tengo un amigo que es un periodista de investigación formidable. Se me ocurre: preséntate en casa de mis tíos pero cuando mi tío no esté, y procura hablar con mi tía, ella es más asequible, ni siquiera es nazi, es simple, y es buena persona, te presentas allí y le dices que estáis haciendo un estudio sobre las viviendas de los alemanes en Mallorca en los años noventa, no sé, amigo, lo dejo en tus manos… Empiezas a ser parte imprescindible de esta historia increíble… Vas a tener que empezar a tomártelo en serio.

Escena 15

Guernica. 26 de abril de 1937. Un terrible estrépito y una nube de polvo. Silencio. Madre *e* Hija, *acurrucadas en algún cubículo, soportal, cobertizo, el primer lugar salvador donde les pilló la anterior explosión. La* Madre *protege a la* Hija *con su cuerpo, de manera que vemos el rostro de la niña y la espalda de la* Madre.

Hija   Madre

Madre   ¿Qué?

Hija   Se ha caído la casa.

Madre   ¿Qué casa?

Hija   La de la señora Laureana.

Madre   ¡Dios!

             (Silencio.)

Hija   ¿Y padre?

Madre   En el caserío de los Aguirre.

(*Silencio. Mirando al cielo.*)

HIJA   ¿Se han ido ya?

MADRE   No lo sé. (*Silencio.*) Escúchame.

HIJA   Sí.

MADRE   Vamos a hacer una cosa.

HIJA   Sí.

MADRE   Cuando yo te diga, vamos a correr.

HIJA   Sí.

MADRE   Vamos a correr mucho.

HIJA   Sí.

MADRE   Como cuando jugamos al «pilla-pilla», pero más, mucho más.

HIJA   Yo corro mucho, madre.

MADRE   Eso es, mi niña, eso es.

(*Silencio.*)

HIJA   ¿Vamos a ver a padre?

MADRE   Vamos a ver al aita, claro que sí. Pero para eso tenemos que correr mucho. Si vemos venir algún avión mientras corremos, nos tiramos al suelo, ¿de acuerdo?

HIJA   ¿Y por qué no nos quedamos aquí?

MADRE Porque no es seguro, mi niña, todo está ardiendo, todo se cae… El asilo Calzada se ha derrumbado, con toda la gente que había dentro, y la casa de estas pobres… Si corremos mucho no nos puede pasar nada…

HIJA   ¿Y dónde está Andone?

MADRE Con sus padres, no te preocupes.

HIJA   ¿Seguro?

MADRE Claro, hija.

HIJA   ¿Tú la has visto?

MADRE No, pero tiene que estar con sus padres. Seguro que está bien.

HIJA   ¿Por qué tiran bombas?

MADRE No lo sé, hija, no lo sé… Porque son unos canallas… No lo pienses. *(Silencio.)* ¿Vamos a ver al aita?

HIJA   Sí.

MADRE   ¿Vamos a correr mucho, hasta el caserío de los Aguirre?

HIJA   Te voy a ganar.

MADRE   Yo te voy a ganar.

HIJA   No. Yo te voy a ganar.

MADRE   A la de tres.

HIJA   Una.

MADRE   Dos.

HIJA   Y tres.

(Y salen corriendo, como perseguidas por el diablo… Desde el Monte Oiz, muy próximo al pueblo, emerge la silueta y el ruido de los cazas alemanes.)

Escena 16

En el París ocupado, en 1942, en su estudio de la rue des Grands-Augustins. PICASSO, *inmóvil, en el suelo, rodeado de papeles y lienzos destrozados. Al rato, entra Jaume* SABARTÉS.

SABARTÉS   ¡Dios! ¿Qué ha pasado?... ¿Estás bien?... Pablo, mírame... ¿Qué te han hecho?

PICASSO   Me han insultado, me han llamado degenerado, comunista y judío. Han pisoteado los lienzos. Y han dicho: «volveremos». Eso es todo. ¿Has conseguido algo de comer?

SABARTÉS   Malnacidos. Por eso no me han dejado acercarme a la casa. Luego me han dicho, con una sonrisa: «ya puedes pasar a recoger a tu amigo», y me ha dado un vuelco el corazón. Muchos de ellos son zafios, muchos son vulgares, algunos son educados, otros son simpáticos; da igual, todos ellos son expertos en la crueldad, una crueldad gratuita, juguetona, sofisticada y simple al mismo tiempo, se ponen cachondos haciéndote sufrir, se les pone dura, a veces parece que todo el nazismo estuviera fundamentado en una sociedad aburrida que necesita distracción y han encontrado el máximo deleite en infligir un sufrimiento insoportable a los otros. ¿Qué quieres? Dime, ¿qué quieres hacer?

PICASSO   Un papel.

SABARTÉS   Un papel.

PICASSO   Un lápiz.

SABARTÉS   Un lápiz.

PICASSO   Pinto en trazos rápidos el rostro de Adolf Hitler…

Pero sus cejas son las del loquito servil Rudolf Hess.

El pómulo derecho del arquitecto ejemplar Albert Speer.

Y el adinerado Baldur von Schirach me da el izquierdo.

De Julius Streicher los labios soeces y malhumorados.

La nariz prominente del caduco Anton Drexler.

La carota redonda del aviador esteta Hermann Göring.

Y del soldadote Ernst Röhm la cicatriz y la oreja izquierda.

De Gregor Strasser el viejo traidor la oreja derecha y mentón.

Y del dinámico megalómano Robert Ley la papada.

La mala uva del burócrata gris Martin Bormann.

Toda la teoría en la frente abierta de Alfred Rosenberg.

Las gafitas del niño de buena familia Heinrich Himmler

Y detrás los ojos inteligentes y salvajes de Joseph Goebbels.

¿Qué se ve? No es humano, ni divino. Es Martin Rosenberg, Anton Goebbels, Gregor Hess, Albert Streicher, Heinrinch Bormann, Joseph Röhm, Rudolf Von Schirach, Alfred Göring, Hermann Drexler, Julius Hess, Baldur von Strasser... Heinrinch Baldur Rosenberg, Julius Röhm Streicher, Albert Borman Hess, Martin Goebbels Von Schirach, Anton Strasser Göring, Joseph Himmler Drexler. Acabo de inventar el hipercubismo poliédrico alemán.

SABARTÉS   Que te perdonen los futuros hijos de Alemania... Es lo más espantoso que has pintado nunca.

PICASSO   Alemania. Esto eres. ¿Has conseguido algo de comer?

Escena 17

Mallorca. En el cabo de Formentor. Otoño de
2013. Oscuridad. Suena un teléfono. Doce se-
ñales. Se abre una puerta y un poderoso haz de
luz se cuela raudo. Se abren dos, tres ventanas
y toda la estancia es inundada por la luz del
Mediterráneo. Entran HELMUT *y la* MUJER, *que*
de inmediato se va hacia el interior de la casa.

MUJER   Estás en tu casa.

HELMUT   ¡Ana!

MUJER   ¿Sí?

HELMUT   ¿Dónde está? ¿Dónde está Ana?

MUJER   Perdona. Es que yo también me llamo Ana.
               Ponte cómodo. Voy a hacer un arroz con rape
               y congrio. Tengo un vino blanco en la neve-
               ra. Y en el mueble del salón hay algunas co-
               sas que te pueden interesar. (*Silencio.* HEL-
               MUT *observa la casa, paralizado. Del interior*
               entra una música cálida, brasileña, acarician-
               te. Después, HELMUT *se dirige al mueble, abre*
               un cajón y muy lentamente empieza a hojear
               papeles, recortes de periódico, fotografías...

Entra la MUJER. *Se ha cambiado de ropa. Parece mucho más joven. Trae dos copas de vino blanco.* HELMUT *habla con dificultad.*) En nuestra familia todas nos llamamos Ana. Somos así de tontas. Prueba este vino, es de aquí, de esta tierra. Os gusta esto pero seguís comiendo en restaurantes donde un alemán os pone codillo y vinos del Rhin. Alguna vez, os deberíais dejar invadir.

(Silencio.)

HELMUT   ¿Quién es usted, qué hace todo esto aquí, quiénes sois?

MUJER   Yo nací a cinco kilómetros de aquí, ahora no se ve, pero antes se veía todo el camino que lleva hasta el pueblo. Si paso más de una semana lejos de este mar, lejos de esta luz, me pongo triste como un perro en invierno.

HELMUT   ¿Dónde está Ana?

MUJER   Voy a hacer el caldo y el sofrito para el arroz.

HELMUT   ¿Por qué me tienen que interesar a mí estos papeles?

MUJER   ¿Te gusta este vino? Se llama Binissalem.

HELMUT   Contésteme, por favor.

MUJER   Mira, Helmut. Este es tu tío Otto.

HELMUT   Eso ya lo sé, pero usted, ¿cómo lo sabe?

MUJER   Y esta es tu tía Hilda. Todos esos papeles los
            conservó tu tío. Hay más por ahí. Mira, el ar-
            tículo que Steer publicó en el Times apenas
            uno o dos días después del bombardeo. Tú
            tío decía que este artículo tiene un claro ses-
            go prorrepublicano, pero él lo guardaba todo.
            No le importaba reconocer que el bombardeo
            se realizó sobre población civil indefensa. De-
            cía que se quedaron cortos, que tenían que
            haber bombardeado muchas más ciudades
            en manos del gobierno republicano, que ese
            régimen era despreciable, que el comunismo
            iba a traer un enorme sufrimiento al mundo
            y que esos españoles no merecían seguir con
            vida. Tu bisabuelo Hans lo miraba con una
            media sonrisa y le decía, «si no fuera porque
            eres hijo de mi hija, te diría que eres un hijo
            de puta», y tu tío Otto se partía de risa, y se
            abría otra cerveza… …

HELMUT   ¿Pero qué dice usted? ¿Qué dice? Mi bisabue-
            lo murió en la guerra. ¿Qué dice usted?

MUJER   La verdad es que no hablaba mucho. Yo creo
            que tú tío lo provocaba para que le dijera esa
            frase. Después se quedaba mirando al mar
            por la ventana durante horas, con esa media
            sonrisa… Tenía tus mismos ojos.

HELMUT   Usted está mal de la cabeza. Mi bisabuelo
            murió en la guerra. Y dígame, por favor, si

esta es su casa, ¿qué hacen aquí los papeles de mi tío? ¿Y cómo sabe que me llamo Helmut?

MUJER   Te dejo tranquilamente con tus cosas. Tú viniste a buscarme. Como a mi hija. Desconozco tus razones.

HELMUT   ¿Es su hija? ¿Ana es su hija?

MUJER   Adeu.

(Va hacia el interior con la copa de vino.).

Escena 18

Skype

HELMUT · Horst. Gracias por la información acerca de la casa de mi tío. He estado en ella. Te juro que no tiene precio lo que estás haciendo. Es impagable lo que me cuentas de la charla pro-nazi que te largaste con mi tío, que te pilló de marrón hablando con mi tía Hilda. Pero hay que seguir… A ver cómo te cuento… –te cuento que estoy a punto de volverme loco. Solo hablar contigo me ata a la realidad–… Yo sé –y tú también lo sabes– que uno de mis bisabuelos fue piloto de la Luftwaffe, y que participó en la guerra de España. Siempre es-tuvo rodeado de misterio todo lo que con-cierne a este hombre. Hasta que un día mi madre me contó toda la verdad: al parecer, su avión, con el que acababa de bombardear una ciudad –ahora no me acuerdo qué ciu-dad– fue alcanzado por la aviación enemiga y tuvo que lanzarse en paracaídas… Cuan-do llegó a tierra lo cogió la muchedumbre y lo… golpearon con palos y piedras hasta ma-tarlo… y arrastraron su cuerpo hasta dejar-lo irreconocible… Nunca se pudo recuperar el cuerpo… Cuando terminó la guerra de Es-paña se le rindieron todo tipo de honores.

En mi casa nunca se habló nada de él hasta que mi tío Otto, que es más nazi que una ensalada de nazis, empezó a reivindicar su memoria y hablar de él como un héroe. Bien. Escucha esto. La casa de mi tío está llena de insignias, carteras, escarapelas, platos de loza, figuritas de bronce, pitilleras, postales, medallas, banderas, cascos, mil cosas, revistas, fotografías, emblemas... todo relacionado con la Legión Cóndor. Hay incluso una botella vacía de vino del Mosela de la cosecha de 1935... Mi tío convirtió todo esto en una especie de santuario dedicado a la memoria de su abuelo, es decir, mi bisabuelo... Aquí entras tú, Horst. ¿Puedes investigar quién fue mi bisabuelo? Tengo una especie de pálpito... ¿Te acuerdas del aquel librito que te comenté que mi madre me había enseñado una vez, un cuadernillo en el que alguien había escrito: «Yo he matado desde el cielo dos palomas...Y una paloma desde el suelo me miró», y pasabas la página y se repetía la misma frase, una y otra vez, una y otra vez, hasta completar todas las hojas del cuadernillo, ¿que podría tener unas trescientas? Te acuerdas, ¿verdad? Mi madre me insinúo que eso lo había escrito mi bisabuelo antes de morir de aquella forma tan espantosa. Pero hay algo que no me encaja.

Te quiero, Horst. Pero todavía hay más. Y te empiezo a dar la razón: creo que Ana no existe. Se la ha tragado la tierra. Escucha esto, no te miento: ayer conocí a su madre. Son idénticas. Vive en la casa que fue de mi tío. Estuve hablando con ella. Y luego desapareció. Dejó un arroz al fuego, y desapareció. La he buscado por todas partes. Simplemente, como su hija, me dejo una dirección. No me abandones Horst, no me abandones.

Ah, se me olvidaba. Mi bisabuelo se llamaba Hans Schinlauer.

Escena 19

26 De abril de 1937. Campo en los alrededo-
res de Guernica. Suenan explosiones violentas.
El pueblo es fuego, polvo y escombros. Un avión
sobrevuela. MADRE *e* HIJA *se arrojan al suelo.*
Están exhaustas.

MADRE   ¡Al suelo!

(Silencio.)

HIJA   ¿Cuánto falta, ama?

MADRE   Ya estamos. Nos quedan quinientos metros. Ya estamos.

HIJA   ¿Cuánto es quinientos metros?

MADRE   Mira, hija, ya se ve.

HIJA   No paran nunca.

MADRE   Ya paran, hija, ya paran.

(Silencio.)

HIJA   Ama.

MADRE   ¿Qué?

HIJA   ¿Estaban dormidos?

MADRE   Pues… estarían… sí…

HIJA   ¿O estaban muertos?

MADRE   En un rato estamos con *aitatxu*.

HIJA   Estaban muertos.

MADRE   Ya estamos, casi.

HIJA   ¿Estaba muerto ese chico?

MADRE   No pienses en ello.

HIJA   ¿Estaba muerto?

MADRE   Ana, basta. No pienses en ello.

HIJA   ¿Era Sabino?

MADRE   No, no era Sabino.

HIJA   ¿Era Sabino? ¿Por qué era Sabino?

MADRE   Ya, Ana, ya, mi vida, no llores.

HIJA   ¿Por qué han matado a Sabino?

MADRE   No…, no sabían que era él. Mi niña, no llores.

(Llantos. Silencio.)

Escena 20

26 De Abril de 1937. Sobrevolando Guernica.
HANS y THOMAS *hablan por radio.*

THOMAS   Hacemos otra pasada y nos vamos. Adelántate. Si se mueve algo, disparas… Hans, ¿me oyes?

HANS   Te oigo.

THOMAS   ¿Has visto ese rebaño? Si no he matado quince o veinte ovejas no he matado ninguna.

HANS   Nos deberíamos ir ya.

THOMAS   Vamos a volver. Son órdenes de mi tío no dejar un alma viva en este pueblo.

HANS   ¿Tu tío? ¿Tu tío ha dicho eso, ahora? Tu tío está en Vitoria. ¿Nos está viendo, o qué?

THOMAS   Él no, pero yo sí. Y soy el responsable de esta cuadrilla.

HANS   Muy bien, señor.

THOMAS   Así me gusta. Vamos a girar. Bajamos al lí-
              mite. Si algo se mueve le disparamos. ¿Está
              claro?

HANS   Esto está destruido, Thomas…, señor. Pero
              el puente está intacto. Y la gente que corre
              no parecen combatientes ni nada parecido.
              ¿Qué hacemos aquí?

THOMAS   ¿Cómo sabes que el puente está intacto si no
              se ve nada?

HANS   Se ha filtrado por radio, lo han dicho unos
              camaradas por radio… ¿Qué hacemos aquí,
              señor?

THOMAS   Cumplir órdenes del coronel von Richtho-
              fen. Es un golpe letal a la moral de esta gen-
              te. Y punto. ¿Me has entendido?

HANS   Sí, señor.

THOMAS   ¿Ves eso?

HANS   ¿Dónde?

THOMAS   Cerca de esa casa grande.

HANS   No veo nada.

THOMAS   Ponte gafas, Hans. Ahí corre alguien. ¿Lo ves?

HANS   No veo nada, señor. Me da el sol en los ojos.

THOMAS   Me cago en tus muertos, alférez. Tenemos el sol de espaldas. Dispárales. Son tuyos. Dispárales.

HANS   Ya no los tengo a tiro, señor.

THOMAS   Sí los tienes. Dispara.

HANS   No los veo, señor.

THOMAS   Da la vuelta.

HANS   ¿Para qué, señor?

THOMAS   Es una orden. Da la vuelta. O prepárate para un consejo de guerra.

Escena 21

Guernica. Invierno de 2013. HELMUT *en sus calles.*

Skype

HELMUT Horst: Ya estoy aquí. Todo conducía hacia aquí. He preguntado por una librería que se llama «Ana, la cuentista». Y me han indicado dónde puedo encontrarla, en la calle Ocho de Enero. Me han dado la referencia de una tienda de libros infantiles. Y voy hacia su encuentro. Esta es la dirección que me dio la mujer de Mallorca. Así que voy hacia allí con el corazón encogido y la mente atravesada de… dudas, espanto y una tristeza infinita. No me preguntes por qué, pero sé que mi vida va a cambiar de una manera radical cuando entre en esa tienda. Creo empezar a saber lo que significaban las frases escritas en aquel cuadernillo por mi bisabuelo. Porque creo que ahora empiezo a saber quién fue mi bisabuelo.

Escena 22

Guernica. 26 de abril de 1937. Abajo, ellas co-
rren. Arriba, ellos ametrallan.

MADRE   ¿Qué te pasa?

HIJA   Me duele mucho el pie.

MADRE   No nos queda nada, tenemos que correr.

HIJA   Me he torcido el pie, ama.

HANS   Te repito que no hay nadie, no hay nadie.

THOMAS   Y yo te repito que sí.

HANS   Pero si son dos mujeres, ¿no las ves?

THOMAS   El enemigo no tiene sexo ni edad. ¡Dispara!

MADRE   Ven, mi niña, ven. Yo te cojo.

HIJA   Lo siento, ama.

MADRE   No importa.

HIJA   ¿Cuánto queda?

HANS   No puedo hacerlo.

THOMAS   Acércate.

HANS   No puedo hacerlo.

THOMAS   Si no lo haces tú, lo haré yo.

MADRE   Aviones. ¿Por qué te ríes?

HIJA   Porque tengo miedo.

MADRE   Me cago en todos vuestros muertos. ¡Asesinos! ¡Mal nacidos! ¡Canallas!

HIJA   Al suelo, *ama*.

MADRE   Miradme a los ojos, asesinos… ¿Es que no tenéis hijos?

HANS   Hay una niña.

THOMAS   Apura.

HANS   Hay una niña.

THOMAS   Ahora. Dispara.

La MADRE *cubre con su cuerpo el cuerpo de la niña. Ráfaga de ametralladora.*

Escena 23

Picasso *en su estudio de la rue des Grands-Augustins. París, mayo de 1937. Cincuenta y seis años de una producción arrolladora pasan a toda velocidad atravesando al pintor.*

Picasso

Picasso permanencia, Picasso proeza, caricatura, serial, Picasso luz, tosquedad, ingenuidad, saltimbanquis, músicos, burdel, acróbatas. Picasso bufón.

Picasso Cezanne, Picasso Velázquez, Picasso Gauguin, volumen, planos, multiplicación.

Picasso facetas, bodegón, divergencia, relieve, densidad, claroscuro, Picasso fragmentación. Picasso sexualidad.

Picasso Altamira, Picasso Pantocrátor, fetiche, máscara, prisma, ángulo, curva. Picasso simultaneidad.

Picasso Arlequín , materia, opacidad, transparencia. Picasso asimetría.

Comediantes, telón, figurín, teatro, circo. Picasso equilibrio. Texturas, profundidad. Picasso metamorfosis.

Picasso Lautrec, Picasso Goya, Picasso Van Gogh.

Disección, frente, perfil, soporte, ripolín. Picasso descomposición.

Picasso minotauro, contorsión, distorsión, pesadilla.

Picasso unidad. Picasso multiplicidad.

Retrato, desnudos, superficie, gouche, papel, cartón, madera, arena. Tinta china. Picasso crucifixión. Picasso paroxismo. Alegoría.

Metal, alambre y chapa. Grabado. Aguafuerte. Ensamblaje. Bronce. Yeso.

Vaso, pipa, botella, naipe, periódico. Collage.

Picasso y Braque.

Papier collé.

Picasso dulzura. Picasso crueldad. Picasso mujer.

Autobiografía. Historia.

El mundo. Yo.

Guitarra.
Tamboril.
Mandolina.
Clarinete.
Acordeón.
Violín.

Cofrecito.
Azucarero.
Manzana.

Sombrero.
Calavera.
Huesos.

Lechuza.
Gato.
Yegua.
Gallo.
Caballo.
Toro.
Palomo.
Paloma.

Caballo,
Toro,
Cabeza de hombre,
Ojos,

Soldado muerto,

Gallo,

Mujer que llora.

Caballo y madre con niño muerto.

¡Jaume! Dile a Dora que venga. Quiero que vea esto.

(*Entra Jaume* SABARTÉS. *Mira el cuadro, aún inconcluso, con una actitud reverencial.*)

SABARTÉS   El toro, ¿has girado el toro?

PICASSO   Había una gotera. Así la tapo con el rabo. ¿Cuánto tiempo me queda?

SABARTÉS   Días.

PICASSO   ¿Cuántos?

SABARTÉS   Pocos.

PICASSO   ¿Cuántos?

SABARTÉS   Suficientes. (*Silencio. Contemplación.*) Me gusta, Pablito, me gusta… Me tiemblan las piernas de lo que me gusta. Te quiero mucho. Pero te van a crucificar.

PICASSO   Voy a dormir. Que lo vea Dora y que luego se vaya. Voy a dormir.

Escena 24

*Guernica. Invierno de 2013. En la tienda «ANA
la cuentista». Entra HELMUT. Dentro está la
ANCIANA que HELMUT conoció meses atrás en
Madrid, que también llamaremos ANA.*

HELMUT   ¿Se puede pasar?

ANA   Ya que has llegado hasta aquí…

             (Silencio.)

HELMUT   ¿Se acuerda de mí?

ANA   Claro, hijo. Eres un alemán muy guapo. Y
             muy amable. ¿Quieres un té?

HELMUT   No, muchas gracias.

ANA   Te lo pongo, de todas maneras, y charlamos
             un rato, antes de que me vaya… En esta li-
             brería se habla mucho. La gente viene, se
             toma un té y habla de cuentos. Mira ese es-
             tante. Hay cuentos de todas partes del mun-
             do, alemanes también. Traducidos, claro. Hay
             un cuento que habla de la importancia del se-
             gundo, del instante, de las infinitas ocasiones

que tuvo el universo y sus leyes físicas para impedir que Hitler fuera Hitler y de las infinitas ocasiones en que el universo fracasó. En realidad, al universo le dan lo mismo las cámaras de gas. La imagen atroz de unos niños de tres años agonizando de asfixia es para el universo tan insignificante como la de una flor que despliega sus pétalos o la de un yogurt pisoteado en la calle… Y sin embargo… ¿Cuántas veces nos habrá salvado el universo de criminales semejantes, o peores aún? Conocemos el fracaso del universo cuando se consuma el mal ante nuestros ojos. Pero no conocemos su éxito. Porque es invisible. ¿Cómo le vamos a agradecer al universo que en un accidente de tráfico evitara la vida futura del que iba a ser un sanguinario homicida? Fíjate si nuestro Generalísimo Franco se hubiera escoñado en un avión, lo que nos habríamos ahorrado. Pero no deberíamos estar permanentemente enojados con el universo. Gastamos mucha energía inútilmente. Para eso, para mostrar nuestra indignación, para descargar nuestra rabia, ya nos tenemos a nosotros mismos. Que somos, por otra parte, parte insignificante del universo… Sé que hablo mucho. Y eso, que para el universo es indiferente, para un simple mortal como tú puede ser una verdadera lata. ¿Qué me cuentas, mi querido Helmut?

HELMUT   Es usted una… filósofa.

ANA   Una charlatana es lo que soy. Me llaman la
                   cuentista, con eso te lo digo todo.

                   (*Silencio.*)

HELMUT   ¿Son, todos, cuentos infantiles?

ANA   No. Son cuentos que hablan de niños. Cues-
                   ta creer que un genocida alguna vez tuviera
                   pañales, ¿verdad? y mamara, con la lecheci-
                   ta tibia de mamá cayendo por la comisura, y
                   jugara con trenecitos de madera. Todos fui-
                   mos niños. La pregunta es si todos podemos
                   llegar a matar niños. Y me aterran todas las
                   respuestas. Por eso esta librería es una libre-
                   ría infantil, porque habla de niños. Y en este
                   asunto no hace falta ponerse rimbombante
                   y hablar de genocidios. Quitar las vacunas de
                   los servicios públicos puede matar a los ni-
                   ños. Reducir o eliminar los presupuestos para
                   la investigación, mata niños. La ausencia de
                   profesionales cualificados en un quirófano,
                   mata niños. Una intervención quirúrgica
                   varias veces postergada, mata niños. Cuan-
                   do, además, alguien se lucra ofreciéndote
                   esos servicios a costa de una determinada
                   cantidad de dinero, en hospitales privados,
                   se puede hablar de seres miserables, además
                   de criminales.

                   (*Silencio.*)

HELMUT   He conocido a su nieta.

ANA   Ah, ¿sí? ¿Y cómo le va?

HELMUT   Bien. Se parece muchísimo a usted.

ANA   Ay, es tan mona… Mi Anita del alma.

HELMUT   Dice… cosas parecidas a las que dice usted. Y, como con usted, no puedo replicar… Me quedo como hipnotizado escuchando.

ANA   Es muy lista. Creo que escribe unos poemas formidables, es decir, repletos de gasolina y cuchillos afilados, pero con pasajes llenos de placidez, potrillos naciendo, nutrias, truchas, abedules, madres durmiendo, y también mucha, mucha coña marinera. Está en el paro. Precisamente estaba pensando en la posibilidad de irse a Alemania, a pudrirse en Alemania, dice.

HELMUT   ¿Hace mucho que no la ve?

ANA   ¿Quieres más té?

HELMUT   No, gracias. ¿Hace mucho que no la ve?

ANA   En realidad, como ya te dije, nunca he salido de mi pueblo. Mi nieta vive en Madrid. Ya ni me acuerdo de la última vez que se dejó caer por aquí.

(Silencio.)

HELMUT   Ha desaparecido.

ANA   No lo creo. Se habrá ocultado.

HELMUT   Me dijo… «cuando llegues al final, sabrás dónde estoy».

ANA   Poetisa y enigmática. Ay, que mona es.

HELMUT   ¿Es esto el final? ¿Qué hay después de usted? ¿Cuántas Anas?

ANA   Te veo languidecer. No te rindas ahora, Helmut.

HELMUT   ¿Rendirme? ¿Es que estoy luchando?

ANA   Sí, como un jabato. Venga, sé valiente.

HELMUT   ¿Murió?

ANA   ¿Cómo dices?

HELMUT   Su nieta, ¿murió?

ANA   Me acabas de decir que la conociste.

HELMUT   Sí, y luego desapareció. Para siempre. No… no era de este mundo. ¿Cuándo murió su nieta?

(Silencio.)

Escena 25

Guernica. Hans *Schinlauer retorna a la base de Vitoria.*

Hans   Ya está. Misión cumplida. Quiero estar en casa... Tal vez la escasa visibilidad me ha jugado una mala pasada... Estaba todo lleno de humo. Debían ser soldados... Desde aquí no se ve bien... Soy muy... dado a imaginarme cosas... Ahora me da la risa... Soy feliz volando en este aparato. Somos capaces de cosas increíbles... ¡Volar!... Llevo ya unos años volando y todavía, a veces, me parece mentira estar haciéndolo... Todo el mundo debería probarlo, al menos, una vez en la vida... Ahora me da la risa... Y sí, sí teníamos que estar aquí... ¡Grete, qué sabia eres! Somos un dique... No podemos permitir que el comunismo se expanda. El comunismo degrada al hombre. Tenemos que contener el avance del comunismo. Alemania debe erradicar el comunismo de la faz de la tierra. Nosotros ofrecemos... un futuro luminoso y... Ay, cuánto echo de menos a mi Helmut... (Radio.) No te voy a contestar, capitán Thomas... Luego diré que se me averió el sistema de transmisión... No, no, no. Yo he cumplido mi misión. Ahora quiero estar conmigo, y mi avión, mi Messerschmitt Bf 109, y mis pensamientos... Soy estúpido... Me he empeñado en ver una niña donde había un tío como un castillo con los cojones bien negros y disparándome sin parar... Si hubiera podido me hubiera derribado... Claro, arriesgamos mucho, nos acercamos al límite... somos vulnerables... ¡Cabrones, españoles de mierda, comunistas, socialistas, anarquistas, si hubierais podido me hubierais derribado y habríais celebrado con gritos y risas cómo mi avión se estrellaba en vuestra mierda de país, y cómo mi cuerpo se carbonizaba en el fuego! Pero no. Soy rápido como una rapaz. ¡Soy un cóndor! ¡Soy un cóndor! ¡Soy un cóndor! ...No podía ser una niña, es imposible... Al principio me pareció que eran una mujer y una niña... Pero es imposible... Eran combatientes... ¡Cabrones, hijos de puta! (*Radio.*) Que no te pienso contestar, tonto de los cojones... Ya te he dicho que se me ha roto el sistema de radio... Vete a darle la matraca a tu tío, a tu puto tío... al primito del Barón Rojo. ¡Me cago en todos los Richthofen! Se veía muy mal... Había humo por todas partes... ¿Cómo iban a ser una mujer y una niña? ¿Qué hacían ahí? ¡Estamos en guerra, me cago en todos los españoles hijos de puta que habéis organizado esta guerra! ¿Qué se me ha perdido a mí aquí? Me cago en Alemania también. Y me cago en el Fhürer, sí, en el Fhürer, ahora que no me oye nadie...

Perdóname, Alemania, no sé ni lo que me digo. ¡Me cago en el enano ese de Franco! Mira que es feo y poca cosa el enano ese. Solo lo he visto en una fotografía, pero qué feo es… Bueno, qué, don Adolf Hitler, tampoco es que tú seas un bellezón… ¿Raza aria? Ahora sí que me da la risa… La verdad es que soy feliz como en ningún sitio… ¿Cómo iba a ser una niña? A lo mejor no le he dado… ¿Y a su madre? ¡Vaya por Dios! ¿Por qué tenía que ser su madre? ¡No les he dado! ¡No les he podido dar! He disparado a ciegas… *(Radio.)* ¡Muérete, capitán! No serás capaz de ponerte a mi altura. Ya he tenido bastante por hoy… Esta noche me voy a beber tantas cervezas que me voy a olvidar de mí… A la niña no le he podido dar… A la niña, no, la mujer la cubría con su cuerpo… ¡Joder! Había mucho humo… Pero la mujer esa parecía que me miraba a los ojos… Yo he visto los ojos de esa mujer, yo he visto los ojos de esa mujer, yo he visto los ojos de esa mujer… Dime que no les he dado, dios mío, dime que no…

(Y el avión alemán se pierde a lo lejos.)

Escena 26

Guernica. Invierno de 2013. En la librería.

HELMUT   ¿Murió?

ANA   ¿Cómo dices?

HELMUT   Su nieta, ¿murió?

ANA   Me acabas de decir que la conociste.

HELMUT   Sí, y luego desapareció. Para siempre. No… no era de este mundo. ¿Cuándo murió su nieta? (*Silencio.*) ¿Qué le ocurre?

ANA   En cuanto la dejaste de ver.

HELMUT   ¿Qué?

ANA   Se me nubla la vista. Tal vez me empiezo a borrar yo también. A las hormigas las pisamos y seguimos andando. Así se bombardea una ciudad, Hiroshima, Coventry, Rotterdam, Nagasaki, Dresde, Bagdag… Yo sí fui una hormiguita para el piloto alemán que nos ametralló. Pero mi nieta no irá nunca a tu país a buscar trabajo ni escribirá su primer libro de poesía a los dieciséis años ni hará unas tostadas para su amante dormido.

HELMUT   ¿Más enigmas?

ANA   Llámalo así, si quieres. ¿Te gustó el arroz que te hizo mi hija sobre aquel fondo de Sorolla? También somos Sorolla. Llévate eso a tu país. Y cuenta que en cuanto nos dan un minuto, podemos inundar el mundo de alegría.

HELMUT   ¿Su hija?

ANA   Mi hija, sí, mi hija, la que nunca vio el Mediterráneo. ¿Ves cómo me voy perdiendo yo también? Yo nunca tuve ninguna hija. Yo nunca tuve ninguna nieta. Estoy muy cansada. Ven mañana si quieres. Aunque no puedo prometerte nada.

HELMUT   Dígame su nombre, por favor.

ANA   Ana Arteta Idarramendi.

HELMUT   ¿Me vio usted en Madrid hace... unos meses?

ANA   ¿Cómo dices?

HELMUT   Sí, antes me dijo que se acordaba usted de mí... ¿Recuerda que nos vimos en Madrid hará... era abril, siete meses, a la salida del

Centro de Arte Reina Sofía, y que yo la ayudé a cruzar la calle?

ANA   Yo no he estado en Madrid nunca, hijo. Yo nunca he salido de este pueblo.

HELMUT   No, no, no, usted y yo nos cogimos de la mano, usted me dijo algunas cosas, usted había ido a ver el cuadro, y me habló del cuadro como si hablara de sí misma, de ustedes, de sus vecinos… ¿No se acuerda? ¿Qué hago yo aquí si no? Yo soy alemán, vivo en Dresde, en Böcklinstrasse, desde mi casa veo el Elba, me tenía que haber ido para allá después de terminar mis estudios de arte español, en particular la obra de Pablo Picasso, y más en concreto su obra más universalmente conocida, sobre la que pienso hacer una tesis en el futuro…

ANA   ¡Qué maravilla! ¡El futuro!

HELMUT   Usted me dijo que vivía rodeada de libros, esto es una librería, que salía de la estación de Chamartín, que llegaba a Bilbao, y luego cogía un tren hasta aquí, y me acuerdo que habló de una peluquera que se llamaba Lourdes y efectivamente he visto una peluquería Lourdes… ¿De verdad que no se acuerda?

ANA   Sí, cuando pase el verano voy a ir al colegio…

HELMUT   ¿Qué dice?, no la oigo.

ANA   Voy a ir al colegio, como Andone, y voy a leer todos los libros del mundo y yo también voy a escribir libros…

HELMUT   Señora, señora Ana…

ANA   Hola.

HELMUT   Me llamó Helmut… ¿No se acuerda de mí?

ANA   Miro en tus ojos y me apetece desnudarme y meterme en una barrica de ron y luego dormirme cabeza abajo como los murciélagos. Pero no tenemos tiempo para que el viento nos acaricie. Por eso me tengo que ir.

HELMUT   Eso… eso… lo dijo Ana, su nieta…

ANA   Perdona. Es que yo también me llamo Ana. Ponte cómodo. Voy a hacer un arroz con rape y congrio. Tengo un vino blanco en la nevera. Y en el mueble del salón hay algunas cosas que te pueden interesar.

HELMUT   Eso lo dijo su hija. Ana.

ANA   ¿Sí?

(*Silencio.* HELMUT *la mira como el luchador abatido y exhausto que ha arrojado las armas y se pone en manos del rival victorioso.* ANA *Arteta Idarramendi ya casi no está.*).

HELMUT   ¿Me podría dar la mano antes de irse?

ANA   No te oigo, hijo.

HELMUT   ¿La puedo abrazar?

ANA   Ea, que debe ser tardísimo…

                (HELMUT y ANA *Arteta Idarramendi se funden en un abrazo.*)

HELMUT   Adiós.

ANA   Agur.

                (ANA *se va.*)

Escena 27

Guernica, abajo. La niña, ensangrentada, mira en silencio a la Madre, *inerte.*

Hija   Amatxu… ¿Me estás haciendo bromas? …Voy a ir a buscar al aita… No te asustes de quedarte sola… Ahora venimos… (*La niña intenta levantarse. Está muy malherida. Se arrastra.*) Creo que yo también me voy a morir… Y si viene el koala, seguro que echa más fuego… ¡Aita!…¡Aita!…No hay nadie… A lo mejor los han matado a todos… ¿Qué puedo hacer, amatxu? Casi no puedo moverme yo tampoco, pero tengo que ir a avisar a padre… Si me muero es sin querer, ama, ahora vuelvo… Ama, ¿estás muerta? No hablas porque estás desmayada… ¿Qué es lo mejor? ¿Buscar al aita para que venga a salvarnos o quedarme aquí para que no tengas miedo? ¿Y si el aita está muerto? ¿Y si cuando vuelva han venido otra vez los koalas y te han echado más fuego?… Me voy a buscar a padre. Y tú, amatxu, no te muevas, a ver si te van a ver y te disparan… (*Le manda besos con la mano.*) ¡Aita! ¡Aita!

(*Y se arrastra, dejando tras de sí un reguero de sangre y una* Madre *muerta.*)

Escena 28

París. Mayo de 1937. En el estudio de la rue des Grands-Augustins.

PICASSO   Una mujer que llora con un niño muerto que ya no llora una mujer que llora un toro con ojos de indiferencia una mujer llorando una mujer que llora con su hijo en brazos un toro que no sufre que mira no sé dónde alguien que nos trae la luz otra mujer que aúlla al cielo porque se está quemando el toro que no le pasa nada el caballo con las tripas fuera corriendo aún sobre ascuas la mujer que corre porque se ahoga porque se quema porque tal vez busca a su hijo y el caballo machacando al soldado despedazado la bombilla en un ojo que todo lo ve un ojo ¿impotente indiferente complaciente? la mujer que huye que sale corriendo a respirar y el gallo carbonizado y un soldado destrozado en el suelo con una espada el niño muerto en los brazos de la madre que llora y llamas de fuego el caballo ensangrentado despatarrado que grita agoniza el toro tranquilo la mujer que suplica que pide socorro o maldice a dios el gallo abrasado el soldado descuartizado con un flor una espada y una flor en la mano

desangrada por el alambre de espino el caballo la mujer que corre con las piernas heridas las paredes se caen el fuego la mujer
con un quinqué que ilumina el horror el caballo medio muerto que destroza al hombre
que ya está muerto el niño muerto el grito
de la mujer que mira al toro que ni sufre ni
padece con sus dos cojones como dos melones y la otra mujer con once dedos enormes
el aullido de la mujer del caballo el hombre
el hombre descuartizado el caballo la madre
los tejados el fuego el caballo la mujer que
llora el toro el gallo el ave que quiere remon-
tar el vuelo y salir huyendo de ese inferno el
caballo atravesado por una lanza, la mujer
que corre la mujer que llora la mujer que grita el toro el niño muerto el caballo las piernas partidas hinchadas deformes la mujer
que llora el toro el caballo el soldado con una
espada partida y un flor el hacha hay un hacha que mata que descuartiza el niño muerto la mujer que llora el soldado el caballo el
toro el caballo la mujer el niño el toro el niño
el caballo el toro el toro el toro el caballo el
toro el niño el caballo la mujer que ilumina
el horror el niño el niño la bombilla dentro
de un ojo que todo lo ve como un testigo
mudo e impasible en el centro y dentro el
niño muerto con la madre del niño que sos-
tiene al niño muerto mientras mira al toro
de los cojones como melones y el caballo que
se desangra atravesado por una lanza a la vez
que pisotea y destroza al hombre que ya está

destrozado con un hacha partida por el mango y la mujer que corre y suplica y la otra mujer que extiende sus brazos al cielo clamando aullando y ese ser que quiere que veamos el horror y lo ilumina y el pobre ave que se abrasa y el niño el niño el niño el niño el niño el niño muerto. Y en la mano del hombre muerto una espada rota. Y una flor.

(PICASSO *deja de pintar exhausto y sudoroso.*)

Escena 29

Skype

HELMUT Gracias, Horst, gracias: O sea, que mi bisabuelo no es aquel Hans Schinlauer, aquel
desgraciado que después de bombardear las
instalaciones de la CAMPSA en Bilbao, fue
alcanzado en su aparato por la aviación re-
publicana, se lanzó en paracaídas, pero al
llegar a tierra fue atrapado por los milicianos
que se lo dejaron a la muchedumbre enfure-
cida, lo asesinaron y arrastraron su cuerpo por
las calles de la ciudad atado a un camión. Un
terrible error administrativo lo confundió
con otro Hans Schinlauer, un excelente piloto de la Luftwaffe que no llegó ni a participar en la Guerra Mundial, porque acabó
medio loco después de participar en la Legión Cóndor e ingresado en un hospital psiquiátrico en el que estuvo hasta finales de
los años sesenta, del que salió con casi cincuenta años. Siempre estuvo obsesionado con
España y decía que quería vivir allí, al calor
del Mediterráneo. En los años setenta mis
abuelos se compraron una casita muy humil-
de en la isla de Mallorca, y mi bisabuelo terminó por vivir allí, hasta el año 1996, en que
murió con 84 años en la ciudad de Dortmünd.

Esa casa la mantuvieron mis abuelos apenas unos diez años más. Ya conocemos que mi tío Otto fue protagonista de esos últimos años de mi bisabuelo. ¿Qué le pasó a este último, a mi bisabuelo, Hans Schinlauer, al auténtico, al que estuvo en un hospital psiquiátrico más de treinta años, qué le paso en esta tierra de España, en este pueblo del País Vasco, qué le pasó el día 26 de abril de 1937? ¿Qué le ocurrió que le hizo perder la razón? ¿Qué hizo para arrastrar para siempre ese sentimiento de culpa y esa tristeza infinita?

Escena 30

Guernica. Invierno de 2013. En la librería «Ana la cuentista». Suena una campanilla cuando Helmut *entra en la tienda.*

Helmut   ¡Hola! *(Nadie contesta.).* ¡Hola! *(Nadie contesta.)* ¿Hay alguien?

(Del interior sale una Joven *de unos veintitantos años.)*

Joven   Disculpa. ¿Qué quieres?

Helmut   Perdón... ¿La señora Ana... ?

Joven   ¿Quién?

Helmut   La señora Ana... Hable ayer con ella...

Joven   Creo que te equivocas. Aquí no hay ninguna señora Ana.

(Silencio.)

Helmut   Ahora no. Pero yo ayer estuve hablando con una señora que se llama Ana Arteta Idarramendi, estuve hablando sentado ahí, en esa mesa, me ofreció un té, no me gusta el té, pero...

JOVEN   Tienes pinta de que te guste más la cerveza... ¿De dónde eres?

HELMUT   No me crees, ¿verdad?

JOVEN   ¿Y por qué no te voy a creer? Yo ayer no estuve aquí, estaría mi madre, que es la dueña de la librería...

HELMUT   Solo estaba la señora Ana.

JOVEN   Pues lo que tú digas. Pero ahora no está la señora Ana. ¿Qué más?

(Silencio.)

HELMUT   Mira, me llamo Helmut Chovanec, soy alemán con antepasados checos, nací en Dresde, vivo allí, tengo veintiséis años... ¿Me sigues? Soy un estudioso del arte español, y ahora estoy trabajando sobre la violencia en la pintura, me interesan principalmente Goya y Picasso, y lógicamente, su obra...

JOVEN   Esto no es España. Esto es Euskal Herria.

HELMUT   ¿Qué?

JOVEN   Nada. Sigue, a ver de qué va todo esto.

HELMUT   Sigo. A ver si soy capaz. Un bisabuelo mío bombardeó tu pueblo en 1937.

(Silencio.)

JOVEN   Qué majo, tu bisabuelo. ¿Y a qué has venido? ¿A pedir perdón o a ahogar tus penas cociéndote a zuritos?

HELMUT   Zuritos, ¿qué es eso?

JOVEN   Nada, déjalo, cerveza, en unos vasos pequeños, así, pero cojonudos. Sigue, tío. Me tienes más intrigada que la hostia. Sigue. Un abuelo tuyo bombardeó...

HELMUT   Bisabuelo, bisabuelo, y para ser exactos, no bombardeó, ametralló, pilotaba un Messersmichtt, unos cazas soberbios para la época y él era un águila, por lo visto, el mejor de su promoción... Mejor dicho, un cóndor... Estuvo en la Legión Cóndor, así se llamó a la expedición alemana que ayudó al bando rebelde, lo sabes, ¿no?, a Franco, Mola, al bando sublevado...

JOVEN   Me suena, sí. ¿Qué te pasa? Sigue, tío, sigue.

HELMUT   Espero que mañana, o dentro de un rato, no hayas desaparecido para siempre. Todas las personas con las que hablo de ese día, del 26 de abril de 1937, o relacionadas con ese día, o con el cuadro de Picasso, en Madrid, en

Mallorca, aquí, todas las personas, desaparecen. Te juro que ayer estuve hablando, en esa mesa, con una anciana encantadora de ochenta y tantos años, que se llama Ana Arteta Idarramendi, y ahora ya se la ha tragado la tierra. Te parezco un colgao, ¿no?

JOVEN   ¿Idarramendi? Ese apellido… Yo por ahí atrás tengo un Idarramendi…

HELMUT   Escúchame… Creo que mi bisabuelo ametralló desde el aire a la madre de Ana… Dejó un cuaderno contando cómo dos mujeres corrían y él les disparaba desde el aire… Se volvió loco después. Ana Arteta Idarramendi debía tener cinco o seis años y sobrevivió, su madre murió, pero ella sobrevivió y es la anciana que yo conocí en Madrid hace unos seis o siete meses… Ya lo he dicho.

(Silencio.)

JOVEN   Es muy alucinante tu historia, tío, no sé qué te habrás metido… pero me acaba de entrar un mal rollo que te cagas. Vamos a ver… *(Se levanta y busca en una estantería.)* Aquí hay un cuento que se llama «Las tres Anas y ninguna» que escribió mi abuela Andone, que es una auténtica pasada. Si no recuerdo mal, va apareciendo una chavala, de aquí, del pueblo, y después de habernos contado su vida, sus sueños, sus amores, y cuando te cae la chavala de puta madre, desaparece del relato…

Luego aparece la madre y poco más o menos… Luego aparece la abuela y nos enteramos de que murió en el bombardeo, porque así ocurrió, claro, esa Ana… (*Con el libro en la mano.*) Hostias, según te lo estoy contando, me estoy poniendo mala de pensarlo… ¿Y esto qué es? (*Saca algo del interior del libro.*) Un billete de tren: Bilbao-Madrid 25 de abril de 2013, Madrid-Bilbao 26 de abril… Pues lo que te decía: esa Ana fue una niña que los alemanes mataron ahí fuera, muy cerca de la carretera de Zelaieta. Yo eso lo sé porque mi abuela Andone era su prima, y se querían muchísimo, y mi abuela le dedicó este cuento, que es casi una novela corta.

(*Silencio.*)

HELMUT   ¿Vive tu abuela?

JOVEN   Qué va. La palmó hace ya unos seis años.

HELMUT   ¿Y la librería?

JOVEN   ¿Qué le pasa a la librería?

HELMUT   ¿Por qué se llama «Ana, la Cuentista»?

JOVEN   Porque mi abuela le quiso hacer un homenaje a su prima, porque la llamaban así, Ana, la cuentista. Decía mi abuela que se ponía a hablar y te quedabas como hipnotizado, tenía mucha imaginación y la llamaban así,

Ana, la cuentista. Cuando mi madre puso esta librería todavía vivía mi abuela Andone, que era una escritora de cuentos brutal, y se acordó de su prima Ana... ¡Hostias, claro, el Idarramendi, por eso me suena tenerlo por ahí, en algún sitio! ¡Menuda historia! Oye, ¿y cómo has llegado tú hasta aquí? (*Silencio.* HELMUT *tiene una losa en la cabeza y su lengua y su alma se azoran atrapadas en un cepo para conejos.*) Eh, tú, alemán, vuelve. Te pregunto qué cómo has llegado tú hasta aquí.

HELMUT   No lo sé... ¿Estás segura de que yo no salgo en el cuento?

JOVEN   Léetelo. Es brutal.

HELMUT   Por supuesto. ¿Me dejas ver ese billete de tren, por favor?

JOVEN   Toma, se han caído más papeles del libro... La gente es la hostia, se ponen aquí a hojear los libros y dejan sus marcas...

(*Recoge los papeles.*)

HELMUT   ¿Cómo? ¿Qué son esos papeles?

JOVEN   Pues un ticket de... «La Central», Madrid, Museo Reina Sofía, «Fama y Soledad de Picasso» de John Berger, veintidós pavos... Y aquí... no sé, zanahorias, puerros, pepinos, tomates, alcachofas... , seis con cincuenta.

HELMUT   ¿Los puedo ver?

JOVEN   Si, hombre, sí. Y te los puedes quedar.

(HELMUT examina los tres papeles con una atención extrema.)

HELMUT   Gracias. Puede que todo esto sea un cuento. Aunque no te interese, Pablo Picasso pintó una flor de cinco pétalos en las manos del hombre muerto, un jazmín, que se abre por las noches y desprende un delicioso perfume. Estos papelitos son tan frágiles como esa flor. Y tan florecientes. Y toda esta historia puede que sea un cuento. Pero yo las conocí a las tres. Te lo aseguro. Yo las conocí a las tres.

(Silencio.)

JOVEN   Bueno, tú sabrás lo que te has metido. En el cementerio están enterradas la madre y la hija juntas. Es un cementerio muy pequeño. Entras y sigues todo el pasillo central hasta el final, y en la esquina a la derecha, ahí las puedes encontrar.

(Sale HELMUT.)

Escena 31

Guernica. Cementerio. Invierno.

Skype

HELMUT   Querido Horst. Todo, todo conducía hacia aquí. Todo me traía hasta aquí. Todo el viento de mi vida soplaba hacia Guernica. Estoy en el cementerio. Te dije que no te lo ibas a creer. Ahora ya no importa. Ana Arteta Idarramendi no sobrevivió al ametrallamiento de mi bisabuelo, Hans Schinlauer, aquella tarde espantosa del 26 de abril de 1937. Murió arrastrándose en pleno campo, con su madre muerta al lado, tal vez unos minutos después. Su padre sí sobrevivió, bien escondido en el sótano de la casona, que aquí llaman caserío. Ya te contaré otros detalles.

    ¿Sabes? Mi bisabuelo pagó con su locura: «Yo maté desde el cielo dos palomas, y desde el suelo una paloma me miró». Lo escribió trescientas veces en un cuadernillo, pero su cabeza se lo debió recordar millones de veces, como un martillo sin freno, atormentándolo, desesperándolo. Bien merecido lo tenía. Me pregunto cómo podríamos hacer pagar a los que ordenan bombardear ciudades mientras hacen sonar el hielo de un vaso con whisky y ponen los pies encima de la mesa. ... Sé que yo no soy culpable de lo que hizo mi bisabuelo, lo sé, querido Horst, lo sé... Pero también sé que a partir de hoy no voy a poder evitar buscarlas, minuto a minuto, mes tras mes, año tras año, detrás de unas gafas oscuras, en una manifestación, en el metro, en una librería, en una plaza o en un parque dando de comer a los gorriones, en Madrid, en Nueva York, en Rabat, en Tokio, en Buenos Aires, en Dresde, y aquí, en esta pequeña villa que se me va a quedar adherida a la piel para el resto de mis días... Horst, amigo mío, no me esperes, porque no estoy seguro de poder seguir viviendo sin ellas. Voy a verlas. Quiero estar con ellas. Quiero estar mucho tiempo con ellas. Me ha gustado mucho conocerlas, a todas, a todas las Anas de esta historia, y por el momento, no quiero separarme de ellas. Agur.

Epílogo Breve.

En el París ocupado, en 1942, en el estudio de la rue des Grands-Augustins. Entra un OFICIAL *de la Gestapo. Se intuyen las siluetas de otros guardias con fusiles tras él.*

OFICIAL   Es usted Pablo Picasso?

PICASSO   Sí, señor.

OFICIAL   *(Mostrando una reproducción del Guernica.)* ¿Usted ha hecho esto?

PICASSO   No. Lo hicieron ustedes.

Fin.

Julio de 2013

Esta primera edición de *hacia Guernica*,
de Mariano Llorente, terminó de imprimirse
en octubre de dos mil veinticuatro,
en Madrid.